SHLOMO BREZNITZ

Vergiß niemals, wer du bist

Buch

Shlomo Breznitz führt den Leser in ein katholisches Waisenhaus nach Zilina an der slowakisch-polnischen Grenze. Unter der Obhut der Schwestern des Heiligen Vinzenz überleben der achtjährige jüdische Junge Shlomo und seine vier Jahre ältere Schwester den Holocaust. Nach wenigen Wochen genießt der kleine Juri, wie Shlomo nun genannt wird, bei den Schwestern besondere Beachtung, denn in jener Gegend hält sich die Legende vom jüdischen Waisenjungen mit dem phänomenalen Gedächtnis, der später einmal Papst werden soll. Und Juri besitzt ein solches Gedächtnis. Demütigungen der Kameraden bleiben ihm dennoch nicht erspart. Er sehnt sich nach den Eltern, die ihn in Sicherheit gebracht hatten, selbst aber nach Auschwitz deportiert wurden.

In seiner Erinnerung wechselt Breznitz kunstvoll zwischen der Perspektive des Kindes und des Erwachsenen und geht mit seinen Reflektionen zu Grausamkeit und Nächstenliebe weit über einen Lebensbericht hinaus.

Autor

Shlomo Breznitz wurde 1936 im slowakischen Bratislava geboren. Er studierte an der Hebrew University in Jerusalem und ist Professor für Psychologie und Streßforschung an den Universitäten Haifa und New York.

SHLOMO BREZNITZ

Vergiß niemals, wer du bist

Erinnerungen meiner Kindheit

Aus dem Amerikanischen
von Anna Kaiser

GOLDMANN

Umwelthinweis:
Alle bedruckten Materialien dieses Taschenbuches
sind chlorfrei und umweltschonend.

Vollständige Taschenbuchausgabe Dezember 1998
Wilhelm Goldmann Verlag, München
in der Verlagsgruppe Bertelsmann GmbH

Originalverlag: Alfred A. Knopf, Inc., New York 1993
Originaltitel: Memory Fields.
The Legacy of a Wartime Childhood in Czechoslovakia
Umschlaggestaltung: Design Team München
Umschlagfoto: G + J / Photonica
Satz: IBV Satz- und Datentechnik GmbH, Berlin
Druck: Elsnerdruck, Berlin
Verlagsnummer: 12713
KF · Herstellung: Sebastian Strohmaier
Made in Germany
ISBN 3-442-12713-0

1 3 5 7 9 10 8 6 4 2

Dieses Buch
widme ich meiner Schwester Judith
und dem Andenken meiner Eltern

Prolog

Meine Geschichte handelt von einem Erdbeben – einem von Menschen hervorgerufenen. Es war das gewaltigste Erdbeben aller Zeiten und hatte Millionen Epizentren. Als Kind, das zufällig zur falschen Zeit am falschen Ort lebte und so in den Sog der Ereignisse geriet, wurde auch ich eines seiner Epizentren.

Dieses »Menschenbeben« dauerte keine Sekunden, sondern Jahre, und seine Nachbeben erschüttern noch heute unseren Planeten. Unter seinen Opfern befand sich die menschliche Unschuld, die endgültig und unwiderruflich aus den Beziehungen zwischen Menschen und zwischen Staaten getilgt wurde.

Viele Jahre lang trieben die Erinnerungen an jene Ereignisse ihr böses Spiel mit mir. Während einige lose Fragmente stets auf Abruf zur Verfügung standen, erschienen andere eher verschwommen; mit der Verlockung, ihnen auf den Grund zu gehen, tauchten sie gewöhnlich kurz auf, um schon im nächsten Augenblick wieder zu verschwinden.

Und dann gab es da noch Erinnerungen, deren Existenz sich anhand der klaffenden Lücken in der Geschichte meiner Kindheit zwar erahnen ließen, die aber unter dem Schutt der Spätfolgen begraben zu sein schienen. Lange Zeit entzogen sich ihre Geheimnisse, sicher verwahrt hinter den geschlossenen Schranken der Verdrängung, dem Zugriff. Eines Tages ließ sich die Erkenntnis des Erinnerungsverlustes allerdings nicht länger leugnen, und das Fehlen einer lückenlosen Vergangenheit begann mich zu stören und gleichzeitig neugierig zu machen. Nachdem die Bemühungen, Licht in das Dunkel jener frühen Abschnitte meines Lebens zu bringen, jahrelang allenfalls partiell erfolgreich waren, blieb es diesem Buch vorbehalten, der berechtigten Forderung des legitimen Eigentümers nach Rückgabe seiner Erinnerungen nachzukommen.

Die Wahrheit jedoch ist eine leichte Beute und hat zahlreiche Feinde. Ihr Hauptfeind sind die verschiedenen Trugbilder, die der Wahrheit so ähnlich sehen, daß sie Naive wie Skeptische leicht zu täuschen vermögen. In Fetzen mühelos erinnerter Details gehüllt, gaukeln sie uns stets ihre eigenen, beliebig interpretierbaren Versionen der Geschichte vor.

Es gibt viele verschiedene Wahrheiten, und alle sind sie ziemlich plausibel und oft sehr verführerisch. Und dann ist da noch der Zeitfaktor, der sein eigenes trickreiches Spiel treibt.

Die Felder der Erinnerung gleichen einer reichen archäologischen Stätte, die Schicht für Schicht aus den Artefakten verschiedener Epochen entstanden ist, bis sie eines Tages von einer gewaltigen Eruption getroffen wurde, die alle Schichten durcheinanderwirbelte. Da die Eruption es jedoch selbst ist, die den Stoff für meine Geschichte lieferte, überlebte nur ein Teil der Wahrheit.

Allein aufgrund ihrer Aufrichtigkeit werden persönliche Erinnerungen noch nicht zu Geschichte, und auch meine sind allenfalls *eine* Geschichte.

Wieder in Sicherheit

Aus jener Nessel, der Gefahr,
pflücken wir die Blume Sicherheit.

Shakespeare, Heinrich IV

Mitten in der Nacht wurde ich wach. Dieses Mal war ich allerdings auf sanfte Weise, durch eine zarte Berührung von Mutters Lippen auf meiner Stirn, geweckt worden.

»Schnell, steh auf. Wir verlassen das Lager.«

»Was? Holen sie uns zum Transport ab?«

»Pst ... du mußt flüstern. Niemand darf uns weggehen hören. Nein, es ist kein Transport. Apuka (Vater) hat sich um unsere Entlassung gekümmert.«

Noch im Halbschlaf und nur allmählich begreifend, was vor sich ging, stand mir plötzlich die andere Nacht, in der ich hier aus dem Schlaf gerissen worden war, wieder vor Augen. Es geschah an einem Freitagabend – sie hatten eine besondere Vorliebe dafür, ihre unheiligen Aktionen am Schabbat durchzuführen –, und es herrschte ein solcher Lärm vom vielen Weinen und Schreien, daß die Stimme aus dem Lautsprecher kaum zu verstehen war. Namen wurden ausgerufen und deren Träger angewiesen, sich sofort für den nächsten Transport nach Auschwitz bereitzuhalten Es war 1942, und sogar ein sechsjähriges Kind wie ich wußte, was das bedeutete.

Der tiefere Sinn von Worten wie »Auschwitz« und »Transport« hatte sich über Europa verbreitet wie die Seuchen früherer Zeiten.

Die Namensdurchsage erfolgte zunächst in alphabetischer Reihenfolge, und als unser Anfangsbuchstabe B vorbei war, lockerte Anyuka (Mutter), kaum wahrnehmbar, ihren festen Händedruck. Doch unsere Erleichterung währte nur kurz, denn plötzlich änderten sie ihr System und fingen noch einmal von vorne an, dieses Mal in umgekehrter alphabetischer Reihenfolge. Dann gingen sie nach irgendeiner nur ihnen begreiflichen Logik zu einer scheinbar völlig willkürlichen Namensauswahl über. Nein, es gab in jener Nacht nichts, woran man sich hätte klammern können, um sich ein wenig sicherer zu fühlen, und ich empfand jenen überwältigenden Geruch von Angst selbst im Schutz von Anyukas tröstender Umarmung noch als ekelerregend. Sie müssen ihre Macht, Schrecken verbreiten zu können, mindestens so sehr genossen haben, wie ihre Macht zu töten.

Unsere Namen standen nicht auf der Liste, und so schlief ich in den frühen Morgenstunden in einer jetzt wesentlich weniger überfüllten Baracke völlig erschöpft wieder ein.

Heute nacht war es die Stille, die mir Angst machte. Taten wir etwas Verbotenes? Es war so vieles verboten, daß man sich nie ganz sicher sein konnte. Würden uns die Wachen entdecken und mit dem nächsten Transport wegbringen? Sagte Anyuka tatsächlich die Wahrheit? Ich hatte meinen Vater seit fast zwei Monaten nicht gesehen. Er war nämlich gerade nicht zu Hause gewesen, als man uns drei plötzlich abgeholt hatte. Damals wohnten wir schon eine ganze Weile in dem Dorf Vrbove, ungefähr eine Stunde Zugfahrt von Bratislava entfernt, wo Vater arbeitete. Apuka hatte dieses Dorf in der Hoffnung gewählt, daß es viel zu klein und entlegen sei, als daß »sie« uns dort behelligen würden.

»Schnell, zieh dich an. Wir müssen los«, flüsterte meine vier Jahre ältere Schwester Judith in dem offensichtlichen Bemühen, Mutter bei den Aufbruchsvorbereitungen zu helfen. Nach jenem ersten Schreckensfreitag hatte ich mich zunächst geweigert, nachts einen Schlafanzug zu tragen und statt dessen darauf bestanden, komplett angezogen ins Bett zu gehen, jederzeit reisebereit. Erst nach einigen Nächten ungestörten Schlafes hatte ich mich dazu überreden lassen, mich wieder auszuziehen; meine Kleidung hatte ich jedoch stets unter der Matratze behalten.

Das nächste, woran ich mich erinnere, ist, daß uns ein Wachhabender mitten durch die Bettenreihen führte, daß Menschen aufwachten und uns verständnislos anstarrten, daß uns plötzlich die frische Luft einer verregneten Nacht entgegenschlug, daß wir eilig an den Baracken vorbeischlichen und daß wir schließlich tatsächlich das Tor erreichten.

Judith drückte vor Aufregung ganz fest meine Hand, genau so, wie sie es einige Jahre später an jenem anderen schicksalhaften Tag noch einmal tun sollte.

Mit gedämpfter Stimme wurden noch einige Worte gewechselt, dann schob man uns alle drei in ein kleines Auto. Am Steuer saß tatsächlich Apuka. Trotzdem wollte echte Wiedersehensfreude erst aufkommen, als wir eine größere Distanz zwischen uns und das Lager gebracht hatten. Es war eine feuchte, kalte Nacht, und bald hatte unser Atem die Scheiben von innen so beschlagen, daß durch den dichten Nebel nichts mehr von draußen zu uns durchdringen konnte.

So von der Außenwelt abgeschirmt, schlossen wir uns in dem kleinen Auto in die Arme, und ich war fest davon überzeugt, daß mir nie wieder ein Unheil zustoßen könne.

Etwas ging um uns herum vor; aber was? Wir wechselten dauernd den Wohnort, die Freunde, die Schule, und wir waren ständig in Eile. Es schien, als liefen wir vor etwas davon. Aber wovor? Den Deutschen? Ich hatte bis jetzt noch keinen einzigen deutschen Soldaten gesehen, sondern nur deren Stellvertreter, die Slowakische Garde mit ihrer eigenen Art von Hakenkreuz.

In der Schule mußten wir die slowakische Nationalhymne singen und dabei die rechte Hand mit ausgestrecktem Arm hoch in die Luft recken, so wie beim offiziellen Nazi-Gruß. Ich fand es schwierig, den Arm während des ganzen Liedes gerade zu halten, und hatte große Angst, daß »sie« ihn zittern sehen würden, denn das mußte schreckliche Folgen haben. Sie würden mich sicher auffordern, meine Hosen herunterzulassen, um zu kontrollieren, ob ich Jude war, denn nur ein jüdischer Junge konnte so etwas tun.

Schon seit geraumer Zeit wußte ich, daß ich unter allen Umständen vermeiden mußte, mir die Hosen herunterziehen oder mich beim Pinkeln beobachten zu lassen. Ich konnte mich nicht erinnern, wer es mir erklärt hatte, Apuka vermutlich, jedenfalls wußte ich es und fürchtete mich schrecklich davor, eine öffentliche Toilette betreten zu müssen. Später im Waisenhaus zögerte ich den Gang zur Toilette immer endlos hinaus und machte mir lieber in die Hose, als das Risiko einzugehen, mich vor den andern zu entblößen.

Es ist 1977, und ich habe dienstlich in Deutschland zu tun. Es ist der erste Tag meines ersten Aufenthaltes dort, ich bin gerade auf dem Flughafen Köln gelandet und muß die Toilette benutzen. Ich war dutzendmal auf Flughäfen in der ganzen Welt auf einem öffentlichen WC, und mir ist außerdem bewußt, daß heutzutage auch Nichtjuden beschnitten sind. Aber plötzlich, nach so langer Zeit, taucht da diese Panik wieder auf, und ich habe Angst, daß mein Nebenmann mich ertappen könnte.

Dieses »etwas« um mich herum hatte noch ein zweites Gesicht. Es entstanden neue Wörter, vor denen sich selbst die Erwachsenen fürchteten: »Auschwitz«, »Transport«, »Gestapo«, »SS«. Später wurden es immer mehr.

Einer nach dem anderen verschwanden die Menschen, die ich liebte; Großmutter und Großvater verschwanden. Der taubstumme Onkel Jozhko, der mit mir immer am Fluß spazierengegangen war, verschwand. Ich hatte ihn sehr gemocht. Tante Ilonka, Onkel Hanzi und meine Cousins Palko und Andy verschwanden. Anyuka weinte oft, manchmal konnte ich beobachten, wie sie sich die Augen wischte, um es vor uns zu verbergen.

Und Apuka war nie da; er arbeitete im weit entfernten Bratislava und kam nur am Wochenende nach Hause. Früher, in den »guten alten Zeiten«, hatten wir zusammen in Bratislava gewohnt. Judith erklärte mir, daß Vater ein bedeutender Ingenieur sei, den »sie« bräuchten, und daß Präsident Tiso persönlich ihm ein Dokument ausgestellt hätte, das ihn vor dem Transport bewahrte. Es klang alles sehr kompliziert, aber als ich in jener Nacht der Befreiung aus dem Lager Apuka am Steuer des Wagens sah, da war mein Vertrauen in die Zukunft wiederhergestellt.

Flüsse

> Mitternacht rüttelt an der Erinnerung.
> So rüttelt ein Verrückter an einer toten Geranie.
>
> *T. S. Eliot, Rhapsody einer windigen Nacht*

Es war das Lager von Zilina, aus dem uns Apuka herausholte, und anschließend ließen wir uns in dieser Stadt nieder. Ich maß der Tatsache, daß sich das Lager dort befand, keine große Bedeutung bei, sondern nahm es hin als einen weiteren dieser belanglosen Zufälle, von denen unser Leben während jenes verrückten Abschnitts der europäischen Geschichte beherrscht wurde. Erst 46 Jahre später, als ich mit Elie Wiesel von Paris nach Krakau flog, um Auschwitz zu besuchen, erkannte ich, daß Zilina ganz in der Nähe von Auschwitz lag, direkt auf der anderen Seite der Grenze. Was den Anschein eines belanglosen Zufalls hatte, entpuppte sich als Teil der perfekt organisierten Mordmaschinerie. Das Lager befand sich deshalb gerade in Zilina, weil die Stadt als wichtiger Eisenbahnknotenpunkt die ideale Kulisse für Transporte nach Auschwitz bot.

Das slowakische Wort »zila« bedeutet *Ader*, und »Zilina« bezieht sich auf die vielen Flüsse, die die Berglandschaft dort wie Adern durchziehen. Es waren jedoch die Eisenbahngeleise, nicht die Flüsse, die wie Adern das Blut der Opfer zu deren letztem Bestimmungsort transportierten.

Mit einem dieser Flüsse verbinde ich eine besonders glückliche Zeit und eine der wenigen flüchtigen Erinnerungen an meinen Vater: ein Familienpicknick an einem herrlichen Sommertag. Apuka war barfuß und hatte ganz kurz geschorene Haare. Er forderte mich zu einem Wettlauf heraus. Gleich nach dem Start konnte ich noch ganz gut mithalten, aber dann wurde er plötzlich immer schneller und gewann mit vielen Längen Vorsprung. Außer Atem und heftig nach Luft schnappend platzte ich fast vor Glück ... Ich sehe noch deutlich vor mir, wie Apuka am Flußufer nach flachen Steinen suchte, die er dann so ins Wasser warf, daß sie über die Oberfläche sprangen, einmal, zweimal, dreimal, viermal und mehr. Ich war begeistert und sammelte wie wild neue Steine.

Apuka zeigte uns auch, wie man aus Speichel und einem Strohhalm einen Spiegel macht. Er brach den dünnen Stengel in zwei Teile, hielt die Enden dicht zusammen und steckte die Bruchstelle in den Mund. Dann zog er die beiden Seiten langsam auseinander, wodurch sich der Speichel so weit ausdehnte, daß schließlich ein dreieckiger Spiegel entstand. Ein Wunder! Aber welch ein zerbrechlicher Spiegel war das! Wenn man ihn auch nur einen Millimeter überdehnte, zerriß der zarte Film und hinterließ nichts weiter als einen durchgebrochenen Strohhalm und eine klaffende Lücke.

Der Fluß hatte damals einen sehr niedrigen Wasserstand, und es lag ein starker Geruch nach verbrannter Erde in der Luft. Bis zum heutigen Tag erzeugt ein solcher Geruch immer ein geheimnisvolles Gefühl der Erregung in mir. Das folgende Erlebnis ist ein typisches Beispiel dafür.

Im Sommer 1959 waren wir zu sechst mit dem Zug von Budapest nach Jugoslawien unterwegs – fünf von uns Repräsentanten Israels bei der Schacholympiade für Studenten und unser Trainer, Moshe Czerniak. Das Turnier war inzwischen beendet, und für den nächsten Tag stand ein Wettkampf gegen den berühmten Club »Partizan Belgrad« auf dem Programm. Hinter uns lagen drei angenehme Wochen in Ungarn, denn trotz der politischen Spannungen zwischen unseren beiden Ländern hatten sich die ungarischen Behörden fair und gastfreundlich verhalten. Noch etwas müde von dem nicht enden wollenden Fest nach der offiziellen Schlußzeremonie, empfand ich das monotone Geräusch des fahrenden Zuges als äußerst entspannend. Die Landschaft war flach und sehr grün, eine willkommene Abwechslung zu der hinter uns liegenden Stadt mit den noch immer sichtbaren Narben des Aufstands von 1956. Der Zug hatte inzwischen seine Fahrtrichtung geändert und die Strecke entlang der Donau verlassen. In unserem Nachbarabteil saß die russische Delegation, die Bulgaren, die Jugoslawen und die Rumänen reisten ebenfalls im selben Zug. Viele von ihnen waren Profis und nutzten die Reise, um ihre Turnierpartien zu analysieren. Ich hatte erst einmal genug von Schach und genoß statt dessen jene Art fauler Tagträumerei.

Obwohl keine Stadt in Sicht war, verlangsamte der Zug plötzlich seine Geschwindigkeit. Wir näherten uns der Grenze zwischen Ungarn und Jugoslawien. Schließlich stoppte der Zug, und einige Polizisten stiegen zu. Während ich auf die Paßkontrolle wartete, wurde ich immer nervöser. Es dauerte eine Ewigkeit, bis sie endlich in unser Abteil kamen, unsere Pässe einsammelten und damit verschwanden. Ohne zu verstehen, was das alles zu bedeuten hatte, beobachtete ich, wie zwei von ihnen in ein kleines Büro gingen. Czerniak schien genauso beunruhigt zu sein wie ich.

Als die Polizisten, dieses Mal ein ganzer Trupp, zurückkehrten, befahlen sie uns sechs, mit unserem Gepäck den Zug zu verlassen. Sie brüllten uns in Ungarisch an, und obwohl niemand außer mir die Sprache verstand, war doch allen die Bedeutung klar. *»Schnell! Schnell!«* ergänzte einer von ihnen in Deutsch, offensichtlich um zu verhindern, daß sich die Abfahrt des Zuges noch länger verzögerte.

Nachdem wir mitsamt Gepäck ausgestiegen waren, wurden wir sofort in einen engen Raum gedrängt. Die Türen schlossen sich hinter uns, von außen drehte sich ein Schlüssel im Schloß, und noch ganz benommen von den Ereignissen hörten wir den Schaffner pfeifen und den Zug abfahren. Es war also doch noch passiert. Von dem Augenblick an, als beschlossen worden war, eine Delegation zur Schacholympiade zu entsenden, hatten uns viele – in Befürchtung von Störaktionen bis hin zu einer möglichen Verhaftung – vor der Reise nach Ungarn gewarnt. Während des Turniers hatte kaum Anlaß bestanden, jener pessimistischen Einschätzung Glauben zu schenken, jetzt allerdings schien es, als ob von Anfang an alles darauf angelegt war, uns im letzten Moment an der Grenze zu erwischen. Da saßen wir also, eingeschlossen in einer Zelle, ohne Pässe und ohne Zug. Es gab noch nicht einmal Fenster, lediglich ein paar Öffnungen in der Nähe der Zimmerdecke.

Nachdem wir den ersten Schock überwunden hatten, versuchten wir, auf den Koffern sitzend, uns über unsere Lage klar zu werden. Wir hörten die draußen vor dem Gebäude auf- und abmarschierenden Wachen. In der Nähe der schweren Tür machten sie gelegentlich halt, vermutlich um uns zu belauschen. Natürlich konnten sie nichts von dem verstehen, was drinnen in Hebräisch gemurmelt wurde. Während unseres Aufenthalts in Ungarn hatte man uns oft genug vor versteckten Mikrophonen gewarnt und uns geraten, wenn überhaupt, dann nur im Freien offen zu sprechen. Unser Botschafter hatte uns die entsprechenden Instruktionen unter einem ganz bestimmten, als frei von Abhörgeräten bekannten Baum, während eines gemeinsamen Spaziergangs im Botschaftsgarten erteilt. Nach einigen Tagen jedoch wurden wir unvorsichtiger und hielten im Hotelzimmer lauthals Reden, die direkt an das imaginäre Mikrophon adressiert waren. »Hör zu, Mikrophon«, begannen wir gewöhnlich, »den Witz mußt du dir unbedingt anhören.« Ab und zu fluchten wir auch auf Arabisch. Aber erst hier, eingesperrt in diesem ungastlichen Raum, der schon bessere Zeiten gesehen hatte, glaubten wir wirklich an die Existenz von versteckten Abhörgeräten.

Der schon etwas ältere Moshe Czerniak war besonders bestürzt. Unser Botschafter in Jugoslawien würde uns am Bahnhof erwarten und nicht verstehen, wieso wir nicht im Zug waren. Und was sollte aus den für morgen angesetzten Schachpartien werden? Nur mit viel Überredungskunst und unter Einsatz all seiner persönlichen Kontakte war es ihm überhaupt gelungen, diesen Wettkampf zu arrangieren, und das sollte nun alles umsonst gewesen sein. Damals war es für mich unbegreiflich, wie sich Czerniak über solche Trivialitäten den Kopf zerbrechen konnte, später allerdings erkannte ich, daß dies eine ganz brauchbare Methode der Krisenbewältigung ist. Durch Konzentration auf das Banale war er in der Lage, sich so zu verhalten, als herrschten noch immer normale Verhältnisse. Als für uns Zuständiger muß er in diesem Augenblick das Gefühl gehabt haben, die schwere Last der Verantwortung ganz allein auf seinen Schultern zu tragen, und so versuchte er uns davon zu überzeugen, daß es sich nur um eine Art dummes Mißverständnis handele, das sich leicht aufklären ließe, sobald wir erst einmal die Erlaubnis bekämen, mit unserem Botschafter in Budapest in

Verbindung zu treten oder den für das Turnier verantwortlichen Vertreter der Kommunistischen Partei zu benachrichtigen. Angesichts unserer gegenwärtigen Situation klang sein Gerede allerdings ziemlich hohl.

Ungefähr einmal pro Stunde hörten wir einen Zug in den Bahnhof einfahren. Dann lauschten wir immer ganz gespannt, in der Hoffnung, er bringe die Lösung unseres Problems mit. Aber als ein Zug nach dem anderen wieder abfuhr, ohne daß etwas passierte, wurden wir immer unruhiger. Was war überhaupt unser Problem? Hatten wir irgendeinen Fehler gemacht, oder war dies etwa eine typisch kafkaeske Situation?

Es waren damals schwere Zeiten für die jüdische Gemeinschaft in Ungarn, denn viele ihrer Mitglieder hatten 1956 den gescheiterten Aufstand unterstützt. Wir waren ausdrücklich davor gewarnt worden, persönlichen Kontakt zu einheimischen Juden herzustellen oder irgend etwas von ihnen anzunehmen, da dies beide Seiten in Gefahr bringen könne. »Hütet euch vor den als Provokateure auftretenden Spitzeln. Sonst seid ihr auf dem besten Weg, im Gefängnis zu landen«, riet man uns. Mir fiel ein, daß mich eines Abends im Hotel ein Mann mit der Bitte angesprochen hatte, ein kleines Geschenk für seine Familie in Israel mitzunehmen. »Haben Sie keine Angst, ich bin kein Agent«, sagte er, und seine offensichtliche Furcht unterstrich seine Beteuerung. Aber da es uns verboten war, irgend etwas zu tun, das uns kompromittieren könnte, lehnte ich nach kurzem Zögern ab. Ich empfand Scham und Erniedrigung darüber, daß mir dermaßen die Hände gebunden waren. Hatte einer meiner Kollegen möglicherweise mehr Entgegenkommen gezeigt? Waren wir in eine Falle gelaufen?

Wir stapelten in dem fensterlosen Raum mehrere Koffer übereinander, und ich kletterte zu einer der kleinen Öffnungen an der Decke hoch, um hinauszuschauen. Mein Blick fiel auf die Rückseite des Bahnhofsgebäudes, in einiger Entfernung waren ein paar Häuschen und vorbeiziehende Ziegen zu sehen, sonst nichts.

Und dann, als ich gerade wieder herunterklettern wollte, traf mich jener wunderbare Geruch nach sonnenverbrannter Erde, der aus allen Richtungen zu kommen schien. Eine sanfte Brise trug ihn zielsicher und beständig zu der kleinen Öffnung, an der ich stand. Ich war nicht in der Lage, seine Anziehungskraft zu begreifen, und nicht willens, ihn wegziehen zu lassen.

»Was gibt es da zu sehen?« fragten die anderen.

»Nichts, nur ein paar Häuser und einige Ziegen«, antwortete ich und ließ mir herunterhelfen.

Später, als sie zum Zeitvertreib aus dem Gedächtnis heraus Schach zu spielen begannen, dachte ich an meine Mutter in Jerusalem, die auf Nachricht von mir wartete. Beim Abschied hatte sie noch eine Bombe platzen lassen: »Ich bin so froh, daß du in jenen Teil der Welt reist.«

»Aber wieso denn?« fragte ich, weil ich nur zu gut wußte, welch tiefe Traurigkeit sie jedesmal überfiel, wenn sie es wagte, sich zu erinnern.

»Möglicherweise wird dein Name in der Zeitung oder im Radio erwähnt, und wer weiß, vielleicht ist Apuka doch noch irgendwo am Leben und sieht oder hört ihn, und dann weiß er, daß er uns hier in Israel finden kann.«

Sie sagte dies ganz ruhig und ohne eine Spur von Dramatik. Es war nun fünfzehn Jahre her, seit sie ihren Mann in Auschwitz zum letzten Mal gesehen hatte, und trotz aller Gegenbeweise wartete sie noch immer darauf, daß er uns fand. Das durfte doch nicht wahr sein! Hatte sie deshalb nicht wieder geheiratet? War das der Grund, warum sie lange Zeit die kommunistische Tschechoslowakei nicht verlassen und mit mir nach Israel gehen wollte? Sie hatte es doch niemals erwähnt, nicht einmal als vage Möglichkeit! Und was war mit den Berichten von Überlebenden, die Apukas Tod bezeugt hatten? Natürlich, wenn es keinen Leichnam gibt, den man sehen, berühren und begraben kann, dann wird die Hoffnung noch eine Weile länger genährt. Millionen andere haben diese Erfahrung auch gemacht. Aber nach so vielen Jahren, wie konnte sie da überhaupt noch die Möglichkeit in Betracht ziehen, er sei noch am Leben? Oh Mutter, liebste Anyuka, nicht einmal Penelope hätte so treu ergeben gewartet, hätte sie Ulysses zum letzten Mal in Auschwitz gesehen.

Ich hatte nicht gewußt, was ich sagen sollte, und aus Verlegenheit hatte ich sie einfach umarmt, ein schnelles ›Auf Wiedersehen‹ gesagt und war gegangen. Während ich jetzt hier auf meinem Koffer saß, den aufregenden Geruch trocknender Erde noch in der Nase, sah ich sie vor mir, wie sie sich auf mich verlassen hatte, und ich vermißte sie.

So in Gedanken hörte ich plötzlich, wie sich der Schlüssel langsam im Schloß drehte, und nach einer schier endlosen Pause öffnete sich die schwere Tür einen Spalt weit. Eine alte Frau in schwarzer Bauernkleidung betrat den Raum. Zitternd sah sie uns an und fragte auf Jiddisch: *»Vilt ir telefoneern?«*

Sofort folgten ihr Czerniak und ich nach draußen. Sie zeigte auf eine etwa fünfhundert Meter entfernte Telefonzelle, und wir beide rannten, als ginge es um unser Leben, der ersehnten Rettung entgegen, nur um festzustellen, daß es sich um ein altmodisches Telefon ohne Wählscheibe handelte. Während ich wie wild an der Kurbel drehte, wartete Czerniak am Hörer auf die Antwort einer menschlichen Stimme. Die alte Frau mit dem großen Schlüssel in der Hand drängte uns zur Eile. Schließlich hörten wir wirklich jemanden am anderen Ende der Leitung, worauf Czerniak pausenlos den Namen eines kommunistischen Funktionärs in den Hörer brüllte. Dies schien wie ein wundersamer Rostentferner zu wirken, denn das veraltete Telefonsystem verwandelte sich in ein höchst effektives Kommunikationsnetz. Der betreffende Mann war tatsächlich da, und nachdem eine Zeitlang laute Worte gefallen waren wie »diplomatischer Eklat«, »olympisches Schachkomitee« und »internationaler Konflikt«, versprach man uns, die Angelegenheit zu regeln. Wir rannten zu unserer Zelle zurück, und die alte Frau (wo war sie eigentlich hergekommen?) schloß uns so rasch wieder ein, daß wir uns nicht einmal mehr bei ihr bedanken konnten. Atemlos harrten wir der Dinge, die da kommen würden.

Wir brauchten nicht lange zu warten. Schon ein paar Minuten später war das Geräusch marschierender Soldaten zu hören, die Tür öffnete sich und ein Offizier, den wir bis dahin noch nicht gesehen hatten, salutierte vor uns und versicherte in gebrochenem Serbisch, er werde sich von nun an um uns kümmern und uns später in den Mitternachtszug nach Belgrad setzen. Um uns den Aufenthalt bis dahin so angenehm wie möglich zu gestalten, fuhr er mit seinem alten Fahrrad ins nächste Dorf und holte frisches Brot, ungarische Salami und, was noch wichtiger war, einen alten Zigeuner mit seiner Geige. Und so verbrachten wir die restlichen Stunden in diesem gottverlassenen Nest damit, wunderschöner Zigeunermusik zu lauschen, frisch gebackenes Brot zu essen und durch die jetzt weit geöffnete Tür den herrlichen Duft der Freiheit einzusaugen.

Erste Erinnerung. Die Donau in Bratislava. Hunderte von Ausflüglern bevölkern das südliche Ufer in Petrzalka. Apuka hat auf dem Boden eine große Decke ausgebreitet, auf der wir alle Platz haben. Die Sonne brennt, ein paar Abenteuerlustige springen in den kalten, reißenden Fluß und klettern nach kurzer Zeit ein paar Meter stromabwärts schnell wieder an Land. Ich bin ungefähr vier Jahre alt, pausbäckig und trage noch keine Brille. Plötzlich habe ich mich zwischen all den Menschen und den vielen gleich aussehenden Decken verlaufen und kann meine Eltern nicht mehr finden. Vor Angst beginne ich zu weinen. Die Tränen schmecken salzig, und ich lecke so viele ab, wie ich erwischen kann. Irgendwie erreiche ich die große Brücke und mache mich auf den Weg zur anderen Seite. Ab und zu bleibe ich stehen, um von oben das Ufer abzusuchen. Die Höhe macht mir noch mehr Angst ... Und dann, schon fast in der Brückenmitte, ist da plötzlich Apuka. Er nimmt mich auf den Arm, drückt mich an sich und bringt mich in Sicherheit. Irgendwann wurde ich ihm wohl zu schwer, denn er setzte mich ab und nahm mich an die Hand. Obwohl ich seine riesige warme Hand gerne in meiner spürte, wünschte ich mir, er würde mich weiter in seinen Armen halten.

Ein halbes Jahrhundert später, in der vollkommenen Unschuld mangelnden Bewußtseins, schrieb ich im Rahmen meiner Forschungsarbeit über die verschiedenen Metaphern des Hoffens folgende Zeilen: Hoffnung als Schutzzone.

Diese Metapher verweist auf eine Situation, in der alles bedrohlich erscheint, außer eines kleinen Erfahrungsbereichs, in dem sich positive Bezüge erhalten haben. Nehmen wir zum Beispiel jemanden, dessen Gesundheit ruiniert ist, der jegliche finanzielle Sicherheit verloren hat und bei dem alles am Auseinanderbrechen ist, mit Ausnahme des Familienlebens. In einem solchen Fall entwirft das Individuum Bilder einer kleinen Insel des Friedens inmitten von Stürmen und Katastrophen. Die Hoffnungsarbeit konzentriert sich darauf, die Insel vor der Überflutung durch das sie umgebende Unheil zu schützen. Die Bilder beinhalten oft Versuche, Schutzzäune um die verbliebenen positiven Elemente zu errichten, damit sie nicht auch den Angriffen des Unglücks erliegen.

Die Weisheit der Sprache als symbolisches Produkt langer, kumulativer Erfahrung ist oft ziemlich bemerkenswert. Im *Oxford English Dictionary* sind zahlreiche Variationen des Wortes »Hoffnung« mit Bezug auf eine positive Zukunftserwartung verzeichnet. Zu meiner Überraschung ist dasselbe Wort »Hoffnung« auch unter den folgenden Definitionen aufgeführt:

1. Ein Stück umzäuntes Land, z. B. inmitten von Sümpfen oder Brachland.
2. Ein kleines, eingeschlossenes Tal.
3. Ein Flußarm, eine kleine Bucht, ein Hafen.

Es ist beeindruckend zu beobachten, daß alle drei Definitionen in Wirklichkeit die Metapher vom Hoffen als einer Schutzzone beschreiben, und ich kann kaum glauben, daß es sich hierbei um bloßen Zufall handelt. Außerdem ist Englisch offensichtlich nicht die einzige Sprache, in der dies vorkommt. Auch in Hebräisch werden die Wörter für Hoffnung und für ein kleines, eingefaßtes Grundstück vom selben Stamm abgeleitet ...

Die beschützende Umarmung, mit der Eltern das unglückliche Kind trösten, mag als Prototyp dieser Metapher gelten. Das Kind macht am Beispiel einer konkreten Handlung die Erfahrung, daß es, egal wie furchterregend und gefährlich alles ›da draußen‹ ist, in der Umarmung der Eltern Schutz findet.

Sowohl die emotionale Belastung als auch der spezifische Inhalt meines Verlorengehens am Fluß fügen sich gut in unser gegenwärtiges Wissen über das Wesen frühester Erinnerungen. In auffälligem Kontrast dazu steht meine zweite klare Erinnerung, die sich einleuchtenden Erklärungen widersetzt.

An einem Herbstnachmittag schob meine Mutter mich im Kinderwagen durch Bratislava. Wir befanden uns in der Nähe des Manderlaks, des höchsten Gebäudes der Stadt. Ich saß im Wagen und beobachtete die Straße. Links vom Eingang des Manderlaks stand eine große, graue Mauer. Als wir daran vorbeikamen, wurde ich plötzlich von Traurigkeit überwältigt. Die Mauer war so grau, es gab nichts anzuschauen, und alles war traurig und langweilig. (Ich erinnere mich, daß ich den Gedanken hatte, alles sei traurig und langweilig, was aber konnte ich im Alter von vier Jahren mit »alles« gemeint haben?) Ich war betroffen über meine eigenen Gefühle und beschloß, diesen Augenblick zeit meines Lebens in Erinnerung zu behalten.

Ich habe bei zahlreichen Anlässen ähnliche Entscheidungen getroffen, mit unterschiedlichem Erfolg allerdings. (Wie kann man im Nachhinein einen Mißerfolg überhaupt erkennen?) In diesem speziellen Fall jedoch gelang die schwierige Aufgabe, denn ich habe jene flüchtige Erinnerung im Lauf der Jahre viele Male heraufbeschworen. Da sie so lange überlebt hat, ist es jetzt zu spät, um sie noch zu vergessen. Gerade weil jedoch jeder neuerliche Erinnerungsversuch das Original fast unvermeidlich verzerrte, habe ich die Flüchtigkeit jener Gedanken immer als Prototyp meiner Entfremdungserfahrung interpretiert – als perfekten Kontrapunkt zum Drama des Verlierens und Wiederfindens.

Meine Mutter erzählte häufig Geschichten aus meinem ersten Lebensjahr. Ich hatte als Baby Koliken und ließ meine Mutter und das Kindermädchen (damals waren noch »gute Zeiten«) fast sechs Monate lang nachts nicht schlafen. Nichts half dagegen. Ich war ein »unmögliches« Baby. Mein nächtliches Geschrei gehörte so sehr zum Alltag, daß meine Mutter eines Nachts von der plötzlichen, für sie unbegreiflichen und erschreckenden Stille aufwachte. Da dies so unerwartet kam, war sie sicher, daß etwas Schreckliches passiert sein mußte, und eilte in mein Zimmer. Ich war wach und starrte mit weit geöffneten Augen den am klaren Winterhimmel funkelnden Vollmond an. »Du warst wie hypnotisiert«, erzählte sie mir oft, »und von diesem Augenblick an hast du nachts nicht mehr geschrien.« Ich konnte die Geschichte gar nicht oft genug hören, besonders wegen der Art, wie meine Mutter »hypnotisiert« sagte und vor der Pointe (meiner wunderbaren Wandlung) tief Atem holte. Dieses Ereignis markiert meinen Übergang in die Kategorie »gute« Babys, und als solches wurde ich fortan auch akzeptiert. Das Wunderbarste an jener Geschichte aber war, daß sie mir etwas nahebrachte, das mir in den folgenden Jahren oft als liebenswertes Erinnerungsstück dienen sollte. Wann immer ich einen Vollmond sah, wurde die Erinnerung an Mutters Geschichte lebendig. So entstand eine ganz spezielle Intimität zwischen uns.

War die Mondgeschichte erst einmal abgehakt, erzählte mir Mutter gewöhnlich von der Zeit, als ich fast gestorben wäre. Ich war kaum ein Jahr alt und mußte ins Krankenhaus. Die Diagnose lautete doppelte Lungenentzündung. Da es damals noch keine Antibiotika gab, waren die Heilungschancen gering. Man konnte höchstens das Fieber senken, ansonsten verließ man sich darauf, daß der Patient aus eigener Kraft irgendwie »durchkommen« würde. Als ich im

Verlauf der Krankheit zusätzlich an Masern erkrankte, verschlechterte sich mein Zustand rapide. Das Fieber ging nicht mehr runter, und ich konnte kaum noch atmen. Alles deutete darauf hin, daß ich im Sterben lag. Man riet meiner Mutter, mich mit nach Hause zu nehmen, da die Ärzte keine Möglichkeit sahen, noch irgend etwas für mich zu tun. Es würde der Familie leichter fallen, wenn ich im eigenen Zimmer starb.

Mutter weigerte sich und bestand darauf, daß man mir weiterhin die erwiesenermaßen unzulänglichen kalten Kompressen wechselte, um das Fieber vielleicht doch noch zu senken. Die ganze Nacht über saß sie an meinem Bett (die Geschichte erwähnt nicht, wo die anderen Familienmitglieder waren) und beobachtete meinen Todeskampf, ohne die Hoffnung aufgeben zu wollen. Im Lauf der Nacht fiel mir das Atemholen immer schwerer, und dann schien mein Kampf um Luft plötzlich zu Ende zu sein. In panischer Angst rief meine Mutter den wachhabenden Arzt, der zu seiner großen Überraschung feststellte, daß ich, von der Anstrengung erschöpft, in tiefen Schlaf gefallen war. Die »Krise« war vorüber.

Viele Jahre später, in einem kleinen Krankenhauszimmer auf dem Berg Karmel, wohnten Judith und ich, zusammen mit unseren Familien, Mutters letztem Kampf gegen den Tod bei. Der Krebs hatte sich ihres zerbrechlichen Körpers bemächtigt, und während sich die Stunden dahinschleppten, fiel ihr das Atmen zusehends schwerer. Es sollte ihre letzte Krise sein. Und seltsamerweise ausgerechnet dort, inmitten jener totalen Hoffnungslosigkeit, empfand ich wieder diese große Ehrfurcht vor der Kraft ihrer Fähigkeit zu hoffen, ohne die unser Leben ganz anders verlaufen wäre.

Meine Erinnerungen an Bratislava sind ziemlich dürftig, da wir, gerade als ich das Alter erreichte, in dem Erinnerungen eine wichtige Rolle im Leben zu spielen beginnen, umziehen mußten. Die Situation in Europa verschlechterte sich täglich, und Apuka glaubte uns sicherer aufgehoben an einem Ort, wo uns weniger Menschen kannten. Da er selbst durch seine Arbeit noch an die Stadt gebunden war, durfte dieser Ort nur so weit entfernt liegen, daß er wenigstens am Sonntag nach Hause kommen konnte. So wurde unsere erste Trennungsphase eingeleitet, als Auftakt der Dinge, könnte man sagen, die da kommen sollten.

Als erstes machten wir in dem berühmten Ferienort Piestany Station, und nach den Beschränkungen des Stadtlebens kam mir das Leben dort wie ein Traum vor. Wir mieteten ein Haus in der Nähe der gläsernen Brücke, die den Fluß überspannt. Es war ein sonniger Platz. Wir hatten einen großen Garten mit vielen Bäumen. Unser Nachbar besaß zwei Walnußbäume, deren Kronen weit in unseren Hof hinüberreichten. Wenn wir uns unbeobachtet fühlten, pflückten Judith und ich so viele reife Nüsse, wie wir erreichen konnten. Sie waren sehr groß und hatten eine überraschend weiche Schale, die sich knacken ließ, wenn man zwei Nüsse gegeneinander preßte – bis heute meine Lieblingsmethode, Nüsse zu knacken.

Apuka baute uns eine Schaukel, deren Sitz man herausnehmen und durch eine Reckstange oder zwei Ringe ersetzen konnte. In jenem Sommer verbrachte ich viele Stunden im Garten mit Schaukeln oder Turnübungen.

Zu meinem Geburtstag backte Anyuka einen großen Topf voll Kartoffellatkes, meinem Lieblingsgericht. Bei uns wurden Geburtstage am Vorabend gefeiert, und der Backgeruch hatte sich seit dem Mittag im ganzen Haus ausgebreitet. In einem unbeobachteten Moment schlang ich hastig ein paar große Stücke herunter. Dies ist die erste Erinnerung, die ich an das Stehlen von Lebensmitteln habe, Vorbote eines späteren, glücklosen Versuchs, den Nonnen ein paar Kartoffeln wegzunehmen.

Ungefähr zu jener Zeit wurde ich von einer Biene gestochen, und als sich die erste Panik über den plötzlichen Schmerz gelegt hatte, zeigte ich jedem stolz meine »Wunde«. Anyuka warnte uns ständig vor der Gefahr, beim Marmeladeessen eine Biene zu verschlucken. Sie war einmal in die Zunge gestochen worden, die danach so stark anschwoll, daß sie fast daran erstickt wäre. Konnte das Leben wirklich so gefährlich sein?

Ein spezieller Tag im Herbst ist in meinem Gedächtnis als Schreckenstag eingraviert. Ich war gerade auf dem Heimweg, als mir kurz vor unserer Haustür eine Ziegenherde den Weg versperrte. Die Leitziege (die Mutter?) war besonders wild, und jedes Mal, wenn ich an ihr vorbeizuschlüpfen versuchte, streckte sie ihren langen Hals aus, öffnete meckernd ihr gelbes Maul und rannte hinter mir her, um mich zu beißen. Der Rest der Herde folgte ihr und stürmte von allen Seiten auf mich ein. Obwohl ich wußte, daß ein achtjähriger Junge eigentlich keine Angst vor Ziegen haben sollte, war ich wie gelähmt vor Schreck. Inzwischen völlig eingekreist, blieb mir nichts weiter übrig, als auf Hilfe zu warten. Es wurde langsam kalt, und ich begann zu zittern. Ich hatte jeglichen Versuch, ins Haus zu gelangen, aufgegeben und traute mich nicht, mich zu bewegen, während die Ziegen stur ihren Vorteil nutzten und einfach stehenblieben. Ab und zu gab die Leitziege ihre Zurückhaltung auf und kam mir bedrohlich näher, worauf mir zur Verteidigung nichts weiter einfiel, als einen Schritt zurückzuweichen und einen leisen Schrei auszustoßen. Vor lauter Angst flossen meine Tränen in Strömen und verschleierten mir die Sicht. In diesem Zustand völliger Verzweiflung fand mich nach einer schier endlosen Zeit meine Schwester Judith, als sie aus der Schule kam. Sie lachte und nahm mich an der Hand. Die Ziegen machten angesichts dieser Verstärkung nur einen halbherzigen Versuch, ihr Territorium zu verteidigen, und so gelangte ich endlich in Sicherheit. An jenem kalten Herbsttag erlebte ich zum ersten Mal die lähmende Wirkung von Angst.

Im selben Winter zogen wir in das nahe gelegene Dorf Vrbove um. Der Ort hatte so gar keine Ähnlichkeit mit denen, die man von Gemälden Chagalls oder Geschichten Scholem-Alejchems kannte. Vielleicht war das früher einmal anders gewesen, aber als wir dort ankamen, waren alle Fiedler, die es womöglich auf den Dächern Vrboves gegeben hatte, bereits nach Auschwitz deportiert worden. Und doch war es ein echtes Dorf: Es gab kein fließendes Wasser, sondern nur einen Brunnen mit Pumpe, der bei Frost nicht mal funktionierte. Da allein die Hauptstraße gepflastert war, gab es überall Matsch. Unser neues Haus mußte früher einmal sehr schön gewesen sein, denn es war wie ein kleines Schloß gebaut. Jetzt aber war es heruntergekommen, der Putz fiel von den Wänden, und in jeder Ecke wohnten Mäuse. Apuka kaufte deswegen extra eine Katze, und ich konnte beobachten, wie der Leichenhaufen im Flur ständig anwuchs. Aus irgendeinem Grund fraß die Katze ihre Beute nicht auf, sondern präsentierte stolz die Früchte ihrer Arbeit.

Es war ein sehr kalter Winter, aber um Geld zu sparen, heizte Anyuka gewöhnlich nur ein oder zwei Räume. Abends waren wir oft bei den Hausbesitzern, der Familie Kugel, eingeladen. Sie besaßen einen vor Hitze meist rot glühenden Kohleofen, um den alle herumsaßen und sich in der wunderbaren Wärme unterhielten. Es wurde kein Licht angemacht, und wenn die Nacht hereinbrach, war die Glut im

Ofen unsere einzige Beleuchtung. Im Verlauf des Abends wurden gewöhnlich ein paar Kartoffeln auf die rote Kohle gelegt, und wir verbrachten lange Stunden des Wartens, bis sie endlich fertig gebacken waren. Die Kugels redeten nicht viel, und in der allgemeinen Stille konnte man das Geräusch des Feuers hören. Es war langweilig, aber gleichzeitig ganz angenehm dort, und die geschwärzten Kartoffeln schmeckten wundervoll, wenn man sie mit Salz bestreute.

Jeden Morgen schöpfte Anyuka den Rahm von der frischen Milch ab und bewahrte ihn in einem speziellen Krug auf. Einmal pro Woche, am Schabbat, schlug sie den Rahmvorrat dann so lange mit der Gabel, bis die herrlichste Schlagsahne entstand. Ich sah gerne dabei zu, wie ihre Hand mit großer Geschwindigkeit arbeitete, und die Verwandlung erschien mir wie ein Wunder. Manchmal ließ sie sich von Judith und mir helfen, nicht ohne uns vorher zu ermahnen, bloß nicht mittendrin aufzuhören oder in die entgegengesetzte Richtung zu schlagen. Judith und ich kämpften um jeden Löffel Schlagsahne, und als ich mich einmal darüber beschwerte, zu wenig abbekommen zu haben, antwortete Anyuka verärgert, Judith sei schließlich einen Löffel älter als ich.

In meiner kindlichen Unschuld hatte ich nur eine sehr vage Vorstellung von der auseinanderbrechenden Welt um uns herum. Obwohl es jetzt, in unserem dritten Zuhause, an vielen Annehmlichkeiten mangelte, die ich bisher für selbstverständlich gehalten hatte, litten wir keine Not. Ich mochte den Schnee, den Matsch, den Brunnen vor unserem »Schloß«, die gebackenen Kartoffeln, und ich war verrückt nach der Schlagsahne. Apuka entwickelte viel Geschick beim Reparieren von allen möglichen Dingen im Haus und war pausenlos damit beschäftigt, elektrische Leitungen zu verlegen, Küchenregale zu bauen oder Nägel zum

Aufhängen der Familienbilder in die Wand zu schlagen. Aber die über die Eltern hereingebrochene Sorge und Traurigkeit waren zu offensichtlich, um von uns noch ignoriert werden zu können. Zu jener Zeit waren alle anderen Familienangehörigen bereits verschwunden, und früher oder später würde die Slowakische Garde auch uns finden und abtransportieren.

DER ERSTE SCHULTAG. Kurz vor seiner Abreise in die Stadt nahm mich Apuka zur Seite, sah mir tief in die Augen und sagte: »Vergiß niemals, wer du bist, und denke immer daran, daß du der Beste in der Klasse sein mußt.« Und bevor ich noch in der Lage war zu verstehen, was da genau von mir verlangt wurde und warum, war er schon weg und ließ mich mit der schwersten aller Lasten zurück.

Was hatte ihn veranlaßt, so etwas zu sagen? War es purer Ehrgeiz; oder etwa der verletzte Stolz eines Familienoberhauptes, das sich eingestehen mußte, die Familie nicht mehr vor den Angriffen des Bösen schützen zu können? Ich hatte niemals die Chance, seine Gründe herauszufinden, aber die Folgen jener wenigen unglücklich gewählten Worte sollten mich ein Leben lang begleiten. Es dauerte viele Jahre, bevor es mir gelang, entsprechende Kräfte zu mobilisieren, um wenigstens deren scharfe Kanten abzuschleifen.

Die Aufnahme

> Allein, allein, ganz, ganz allein,
> allein auf dem unendlich weiten Meer!
>
> *Samuel Coleridge, Verse eines alten Seemanns*

Die erste Schachpartie. Ich habe Hunderte – nein, Tausende – Partien Schach in meinem Leben gespielt, aber diese eine, im Alter von acht Jahren, war die wichtigste. Mein Gegner war ein älterer Junge, der als bester Spieler des Waisenhauses galt. Er sah blaß aus; sein Kopf war kahl geschoren; und eins seiner Augen war durch ein Gerstenkorn fast völlig geschlossen. Wir saßen auf einer kalten, unbequemen Steinbank im Hof, und ab und zu drängte sich mir der Geruch seines verschwitzten Hemdes auf. Damals konnte ich noch nicht ahnen, daß ich schon sehr bald ganz ähnlich aussehen würde.

Sein gesundes Auge war ebenfalls halb geschlossen, und er hatte dringend ein Taschentuch nötig. In seinem Grinsen lag etwas Arglistiges. Er öffnete die Holzschachtel, die in aufgeklapptem Zustand als Spielbrett diente, und kippte die Figuren zwischen uns auf die Bank. Einige fielen dabei herunter, wir lasen sie gemeinsam wieder auf und ordneten sie auf dem Schachbrett an. Dann versteckte mein Gegner einen schwarzen und einen weißen Bauern hinter seinem Rücken und ließ mich wählen. Ich zog den schwarzen, woraufhin sein Grinsen breiter zu werden schien.

Er war sich natürlich der Tatsache nicht bewußt, daß ihm

gegenüber ein Schach-Wunderkind saß. Dieser Junge, dessen Name mir entfallen ist, obwohl wir ein Jahr lang viele Schachpartien gegeneinander bestritten, hatte offensichtlich noch nie von dem kleinen Jungen mit der Brille gehört, dessen Vater ihn regelmäßig in die Caféhäuser mitnahm, die sich nachmittags in Schachclubs verwandelten, ihn dort auf einen hohen Stuhl setzte, damit er das Brett sehen konnte, und dann voller Stolz beobachtete, wie sein Sohn alle anwesenden Erwachsenen schlug.

Ich mochte diese Partien gegen erwachsene Spieler hauptsächlich deshalb, weil ich auf diese Art und Weise Apuka nahe sein und seinen Stolz wecken konnte. Die Caféhäuser waren sehr laut und voller Rauch, und manchmal fühlte ich mich nach ein paar Partien schwindlig und müde.

Begonnen hatte alles im Alter von knapp sechs Jahren, als ich, nachdem ich bei einigen Partien zugesehen hatte, plötzlich die Züge der Figuren und wenig später den Sinn des ganzen Spieles begriff. Schach wurde meine lebenslange Leidenschaft. Apuka galt als exzellenter Schachspieler, und es bereitete ihm große Freude, mich zu unterrichten und mein Talent zu fördern. Als er jedoch zum ersten Mal gegen mich verlor, spürte ich bei ihm eine Art von unterdrücktem Ärger, der mir Angst einjagte. Das war mehr als ein Jahr zuvor geschehen. Danach spielte er nicht mehr gegen mich, sondern nahm mich statt dessen in die Caféhäuser mit.

Aber von all dem wußte mein Gegner, in dessen Miene etwas so Herausforderndes lag, natürlich nichts. Er muß jedoch irgend etwas gespürt haben. Denn es wurde keine normale Schachpartie zwischen uns, sondern eher eine Art hypnotisierende. Links hinter meinem Rücken befand sich ein langer Gang, der sich zum Hof hin öffnete wie das Ende eines Tunnels. Dort im Dunkeln standen meine Eltern mit der Schwester Oberin und regelten die letzten Details meiner Aufnahme ins Waisenhaus. Während ich aufs Schachbrett starrte, war ich mir die ganze Zeit über des leisen Gemurmels bewußt, das von ihren gedämpften Stimmen aus der dunklen Öffnung hinter meinem Rücken kam. Es waren dies die letzten Augenblicke vor unserer endgültigen Trennung.

Nachdem der kurze Partisanenaufstand niedergeschlagen worden war und die Deutschen in voller Stärke in der Slowakei einmarschiert waren, schien unsere Deportation nur noch eine Frage der Zeit. Als dann Apuka eines Tages auch noch von einem Freund den Hinweis erhielt, wir würden in der folgenden Nacht abgeholt, faßten unsere Eltern den Entschluß, meine Schwester und mich in einem Waisenhaus unterzubringen, in der Hoffnung, so unser Leben zu retten. Wir waren alle schon vor längerer Zeit zum Christentum übergetreten, was darauf schließen läßt, daß sich die Eltern gut auf einen solchen Notfall vorbereitet hatten.

Seit dem frühen Morgen wußten Judith und ich, daß dies der letzte gemeinsame Tag mit unseren Eltern sein würde, daß man sie morgen bereits zum Transport abgeholt haben würde und wir sie wahrscheinlich nie wiedersehen würden. Für herzzerreißende Abschiedsszenen blieb jedoch keine Zeit, da die Eltern noch einen Platz finden mußten, wo wir eine Überlebenschance hatten.

Es gab zwei katholische Waisenhäuser in Zilina, eines wurde von Benediktinerinnen, das andere von den »Schwestern des Heiligen Vinzenz« geleitet. Erst vor wenigen Stunden waren unsere Eltern enttäuscht aus dem Benediktinerkloster zurückgekehrt. Man hatte ihnen dort gesagt, daß das Waisenhaus schon zahlreiche jüdische Konvertiten aufgenommen habe, und gleichsam als Beweis, daß man wirklich keine weiteren akzeptieren könne, hatten die

Schwestern die Kinder sogar vorgeführt. Blieb also nur noch das andere Waisenhaus übrig, und nach einer ersten Kontaktaufnahme packten wir das Notwendigste zusammen und gingen durch die engen mittelalterlichen Straßen zu Fuß den kurzen Weg von unserem Haus zum Kloster. Wir konnten uns nicht an den Händen halten, da wir zu viele Koffer trugen und außerdem schnell und möglichst unbemerkt dort eintreffen mußten.

Die schwere Klostertür fiel hinter uns ins Schloß, und im gleichen Moment überwältigte mich auch schon die tiefe Dunkelheit, die dort herrschte, obwohl es erst vier Uhr nachmittags war. Mein Leben lang habe ich im Gedächtnis behalten, daß es in diesem Augenblick an jenem Septembertag 1944 genau vier Uhr war, so als ob dies von entscheidender Bedeutung gewesen wäre.

Und als die Zeit des Abschiednehmens näher rückte und ich zu weinen begann, kam Apuka auf die Idee, mich durch eine Schachpartie abzulenken. Er fragte nach einem geeigneten Spieler, woraufhin die Schwester Oberin, deren weiße Schleierflügel bei jeder Bewegung auf und nieder wippten, meinen Gegner holen ließ. Das nächste Bild, das sich mir einprägte, war der lichtdurchflutete Klosterhof, und ich erinnere mich, daß ich verzweifelt versuchte, mich zu konzentrieren.

Er eröffnete mit e2 nach e4, und ich konterte sofort mit e7 nach e5. Als nächstes zog er mit seiner Dame von d1 nach h5; eine kindische Falle. Wie konnte er annehmen, daß ich darauf hereinfiele! Natürlich durfte ich seine Dame nicht mit einem Zug von g7 nach g6 angreifen, da es mich einen Turm kosten würde!

Links hinter meinem Rücken vernahm ich ein leises Schluchzen. Ich drehte mich um und versuchte verzweifelt, die Dunkelheit zu durchdringen, um Apuka und Anyuka ein letztes Mal zu sehen, aber meine Augen waren tränenverschleiert, und mein Gegner drängte zum Weiterspielen. So wandte ich mich rasch wieder dem reinsten und gerechtesten aller Spiele zu, bei dem die Unvollkommenheit der realen Welt außer Kraft gesetzt ist. Und doch gelang es der ungerechten Außenwelt, die das Schachspiel regierende Neutralität irgendwie zu beeinflussen, denn ich machte doch den Zug von g7 nach g6, lief so in die Falle und verlor dabei meinen Turm, verlor meine Eltern, verlor alles.

Die Welt des Schachs ist eine prinzipiell objektive, in der Glück keine Rolle spielt. Als solche bietet sie eine perfekte Fluchtmöglichkeit, den idealen Realitätsersatz und ist die reinste aller Leidenschaften. Obwohl ich als Wunderkind begann, entwickelten sich meine Leistungen im Schach niemals über eine bestimmte Grenze hinaus. Bei Turnieren verlor ich nach anfänglichen Siegen über starke Spieler manchmal ohne ersichtlichen Grund gegen schwächere Gegner. Dieser Konzentrationsmangel, diese toten Punkte – waren die etwa auf jene erste Partie im Waisenhaus zurückzuführen? Schach gilt als geschlossenes System, aber als dieses von der um mich herum einstürzenden Außenwelt erst einmal weit aufgerissen war, ließ sich die klaffende Lücke nie wieder schließen.

DIE ZWEITE SCHACHPARTIE. Der endgültige Abschied war fast grausam kurz. Wir wußten, was er bedeutete, und wechselten kein Wort. Die Tränen von uns allen vermischten sich auf unseren vier Gesichtern, und noch lange, nachdem die Eltern uns verlassen hatten, konnte ich das Salz auf meinen Lippen schmecken. Es war das einzig Fühlbare, das übrig blieb, und eine Zeitlang versuchte ich, einen Unterschied zwischen Mutters und Vaters Salz zu finden. Ich hatte meinen Vater nie zuvor weinen sehen, und so machte dieses eine

Mal einen tiefen Eindruck auf mich. Kurz nachdem man uns auseinandergerissen hatte, wurde Judith (die jetzt mit christlichem Namen Vera hieß) in die Mädchenabteilung gebracht. Mich ließ man im Hof weiter Schach spielen.

Bedeutete meine offizielle Aufnahme ins Waisenhaus, daß ich jetzt ein Waisenkind war? Natürlich hatten mich meine Eltern erst vor einer Stunde verlassen, und sicher waren sie auch noch am Leben; aber es war nur noch eine Frage der Zeit. Schon am nächsten Tag würden sie, in der Hand der Deutschen, auf dem Weg nach Auschwitz sein, und das würde es dann gewesen sein. Wenige Dinge waren so endgültig und so klar umrissen wie Auschwitz. Auf diesem verhaßten Schachbrett war nichts klar. Durch meine verweinten Augen betrachtet, sah es zwar vertraut, aber dennoch verschwommen aus. Der Farbkontrast hatte sich verwischt, und die Läufer ließen sich nicht von den Bauern unterscheiden. Jedesmal, wenn der andere Junge einen Zug machte, gelang es mir zwar, kurzfristig durch die Tränen hindurchzuspähen, aber gleich darauf verschwamm alles wieder.

Mein Gegner war gut in Form. Er konnte von meinem Gesicht ablesen, wie elend mir zumute war. Am Anfang hatte ich noch versucht, meine Tränen vor ihm zu verbergen, aber nachdem aus meinem Taschentuch ein schmutziger, nasser Klumpen geworden war und die Tränen immer weiter flossen, gelang mir das nicht mehr. Er schien seine Freude daran zu haben, denn jene Spur von bösartigem Grinsen wich nicht mehr aus seinem Gesicht. Ich konnte mich nicht aufs Spiel konzentrieren, und wann immer er seine Freude an meinem Schmerz gar zu offen zeigte, stiegen Haßgefühle in mir hoch. Ich wollte meinen Folterer verletzen, ich wollte ihn leiden sehen. Er war größer und stärker als ich, und sein ganzes Gebaren verhieß Brutalität. Ich konnte ihn mir vorstellen, wie er sich, schwer zusammengeschlagen, die verhaßte Rotznase blutüberströmt, wieder aufrappelt und weiterkämpft. Er hatte sich seine Zähigkeit vermutlich in vielen harten Kämpfen erworben, denn im Gegensatz zu mir war er ein echter Waisenjunge. Und er besaß kein einziges Taschentuch, während ich sechs Stück in meinem Gepäck hatte. Vor dem Einpacken hatte Anyuka die Taschentücher für mich gebügelt und zusammengefaltet, wahrscheinlich zum letzten Mal. Was sollte ich tun, wenn alle sechs schmutzig waren? Ich hatte einmal versucht, ein schmutziges Taschentuch selbst zu waschen, um Blut daraus zu entfernen. Das Ergebnis war erschreckend. Das ganze eingetrocknete grün-gelbe Zeug wurde schleimig und klebrig und blieb an meinen Fingern hängen. Ein sauberes, gebügeltes, ordentlich gefaltetes Taschentuch in der Hosentasche ist etwas Wunderbares; es bedeutet, daß man kein Waisenkind ist.

Der Junge beobachtete meine Rückkehr aus dem dunklen Gang, der zwar lang genug war, um kein Licht aus dem Hof eindringen zu lassen, aber nicht lang genug, um die Abschiedsgeräusche nicht nach draußen dringen zu lassen. Durch diese war mein Gegner wohl zu überheblich geworden, denn nun war es an ihm, einen kapitalen Fehler zu begehen. Ich sah ihn sofort und erkannte, daß ich zu guter Letzt doch noch meine Chance auf Rache bekommen würde, wenn auch nur auf dem Schachbrett statt im wirklichen Leben. Meine Strategie war klar, ich hatte nur Angst, daß er zu früh aufgab und mich auf diese Weise daran hinderte, meinen Triumph voll auszukosten. Wenn ich mir hätte sicher sein können, daß er bereit war, eine dritte Partie zu spielen, wäre alles ganz einfach gewesen. Aber angesichts meiner diesbezüglichen Unsicherheit schien es nötig, den Druck auf ihn langsam zu verstärken, um ihm so lange wie möglich eine gewisse Hoffnung auf den Sieg zu erhalten. Dies verlangte ein großes Maß an Zurückhaltung, und ich fand es extrem schwierig, mich entsprechend zu verhalten. Die kleinste Provokation – die leiseste Spur eines Lächelns, die winzigste Geste der Herausforderung, sogar ein überflüssiger Zug, zum Beispiel einer, mit dem ich ihm absichtlich ermöglichte, mit seinem schwarzen Läufer meinem weißen König Schach anzusagen – konnte meine Lösung gefährden und zu einem direkten Frontalangriff führen. Die Notwendigkeit absoluter Selbstbeherrschung machte mein Gesichtsfeld plötzlich frei, und einen Moment lang vergaß ich alles andere.

Aber diese erste Ruhe nach dem Sturm sollte nur von kurzer Dauer sein. Als mein Gegner erkannte, daß er auf verlorenem Posten stand, fegte er mit einer einzigen ausholenden Handbewegung das Schachbrett von der Bank, wobei die Teile in alle Richtungen flogen. Er unternahm nicht den leisesten Versuch, sein Tatmotiv vor mir zu verbergen, und während ich noch versuchte, diesen neuerlichen Schock zu verdauen, ging er einfach weg und überließ es mir, die Figuren einzusammeln.

INTIMSPHÄRE. Wieder brach ich in Tränen aus, dieses Mal allerdings mehr aus Frustration als aus irgendeinem anderen Grund. Ich war immer noch auf der Suche nach einer Figur, als die für die Jungenabteilung des Waisenhauses zuständige Schwester C. in den Hof kam. Ich war ihr kurz begegnet, als die Schwester Oberin sie meinen Eltern vorstellte. Sie hatte etwas Düsteres an sich, und die Art, wie sie langsam mit dem Kopf nickte, als ihr die Verantwortung für den neuen Zögling übertragen wurde, hatte mir überhaupt nicht gefallen. Ihr plötzliches Auftauchen am Ort des Geschehens ließ bei mir den Verdacht aufkommen, daß sie mich die ganze Zeit über von einer dunklen Ecke aus beobachtet und nur auf einen geeigneten Moment zum Eingreifen gewartet hatte.

»Komm, ich möchte dir dein Zimmer zeigen.«

In ihrer Stimme, die von irgendwo weit oben zu kommen schien, weil ich immer noch auf allen Vieren nach der verschwundenen weißen Dame suchte, lag etwas Kaltes und Unheilverkündendes. Ihr dunkles Gewand, auf dessen Saum mein Blick jetzt fiel, reichte eigentlich bis zur Erde, ohne dabei jedoch den Boden zu berühren. Dies blieb für mich so lange ein Rätsel, bis ich eines Tages herausfand, daß die Nonnen eine ganz spezielle Art des Gehens entwickelt hatten, um zu verhindern, daß ihre Tracht mit dem schmutzigen Boden in Kontakt kam. Sie machten keinerlei abrupte Bewegungen. Ihr schwebender Gang, in Verbindung mit dem gleichzeitigen Schwingen ihrer weißen Schleierflügel, verlieh ihnen eine gelassene und würdevolle Ausstrahlung. (Der Gebrauch eines Stockes bei älteren Menschen, besonders in Verbindung mit einem leichten Hinken, ist eines der wenigen Phänomene, das, trotz einer ganz anderen optischen Wirkung, einen ähnlichen Effekt produzieren kann.)

Der Saum ihres Gewandes strich über meine Hand. Dermaßen in die Enge getrieben, gab es keine Chance mehr, sich zu verstecken. Aber ich konnte doch unmöglich weggehen, ohne die weiße Dame gefunden zu haben!

»Steh auf und folge mir zu deinem Zimmer!«

»Bitte Schwester, ich will nur noch die weiße Dame finden. Sie muß ganz in der Nähe sein.« Mit diesen Worten entfernte ich mich ein paar Schritte von der über mir thronenden Gestalt und setzte meine verzweifelte Suche zwischen den Steinen fort. Es schien, als würde mir eine kurze Galgenfrist gewährt; aber die weiße Dame war nirgendwo zu sehen, und als Schwester C. die Lücke zwischen uns wieder schloß, wußte ich, daß mir nichts anderes übrig blieb, als ihr gehorsam zu folgen.

So betrat ich also zum ersten Mal mein neues Heim.

Ich lief hinter Schwester C. durch ein Labyrinth von Türen, Gängen, Treppen und wieder Gängen, getrieben von der Angst, ich könnte sie verlieren. Die ganze Zeit über hielt ich verzweifelt an dem Schachbrett fest, das ein wertvolles Besitzstück geworden war. Unterwegs trafen wir auf ein paar andere Jungen, aber obwohl ich mir ihrer neugierigen Blicke bewußt war, schenkte ich keinem von ihnen besondere Aufmerksamkeit. Als wir vorbeigingen, grüßten sie Schwester C. unterwürfig, was diese mit einem leichten Kopfnicken quittierte.

Zu der allgegenwärtigen Dunkelheit, an die ich mich inzwischen schon gewöhnt hatte, gesellte sich jetzt noch ein eigentümlicher, alles durchdringender Geruch. Er war ganz neu für mich, ich hatte nie einen ähnlichen wahrgenommen. Ab und zu wurde er von intensiveren Gerüchen überdeckt, so zum Beispiel, als wir an der Küche vorbeigingen. Dann wieder war er ganz stark, besonders in den langen finsteren Gängen mit den mächtigen Steinmauern. Eins seiner Grundelemente war Feuchtigkeit, aber da gab es auch noch etwas anderes. Der Kohlenkeller in unserem alten Haus hatte nach Feuchtigkeit gerochen. Deshalb mochte ich diesen Geruchsbestandteil, nicht jedoch den Rest. Noch konnte ich nicht wissen, daß jener Waisenhausgeruch seine allgegenwärtigen und doch unsichtbaren Klauen um mich legen würde, Tag und Nacht, daß er in meine Kleidung, in mein Bett, in die Poren meiner Haut dringen würde, bis er ein so wesentlicher Teil meines Selbst geworden sein würde, daß ich ihn gar nicht mehr riechen konnte. Schließlich erreichten wir das, was Schwester C. als mein Zimmer bezeichnete: einen riesigen Saal mit zwei Reihen von je zwanzig Betten, die so dicht zusammen standen, daß man sich kaum zwischen ihnen durchzwängen konnte. Die Eingangstür hatte keine Klinke, sondern ließ sich mit der Hand oder dem Fuß, oder indem man sich einfach mit irgendeinem Körperteil dagegenlehnte, aufstoßen. Wenn man ihr einen kräftigen Stoß versetzte, schoß sie übers Ziel hinaus und begann, ununterbrochen hin- und herzuschwingen. Ich hatte noch nie zuvor eine solche Tür gesehen und fragte mich, ob die Tatsache, daß sie sich leicht öffnen, aber nur schwer schließen ließ, einen bestimmten Zweck erfüllte.

Die Betten waren alle ordentlich gemacht, und auf dem dritten an der linken Seite entdeckte ich meinen Koffer und die zwei kleinen Rucksäcke. Alles war geöffnet worden. Mein Koffer war so groß und schwer, daß ich ihn nicht selbst heben konnte. Apuka hatte sowohl meinen als auch den von Judith mit einer Hand getragen. Er war sehr stark und hatte die Koffer auf dem Weg hierher nur einmal abgesetzt. Die Schwester Oberin mußte wohl einen der älteren Jungen damit beauftragt haben, mein Gepäck nach oben zu bringen. Jetzt war alles offen, und meine Kleidungsstücke lagen übers ganze Bett verstreut. Es sah so aus, als ob jemand beim Durchstöbern der Sachen fast erwischt worden wäre.

Anyuka hatte sich große Mühe beim Zusammenlegen und Packen meiner Sachen gegeben, und mir hatte viel daran gelegen, daß niemand etwas davon berührte. Dafür war es jetzt leider zu spät; der Koffer war aufgebrochen worden. Während ich beim Schachspielen war, hatten einige Jungs ihren Spaß daran gehabt, meine Sachen zu durchstöbern, vielleicht hatten sie sogar ein paar Dinge für sich behalten. Als mir dieser Gedanke durch den Kopf schoß, war ich plötzlich ganz sicher, daß sie etwas gestohlen hatten, und ich begann, in Panik mein Gepäck zu durchwühlen, um zu kontrollieren, was fehlte. Ohne genau zu wissen, warum, suchte ich besonders verzweifelt nach meinen Taschentüchern.

»Wenn du deine Sachen fertig aufgeräumt hast, komm

runter in die Küche zum Essen.« Wieder die kalte Stimme. »Schwester, sie haben mir was gestohlen. Bitte sagen Sie ihnen, sie sollen mir meine Sachen wiederbringen.«

Sie zögerte mit der Antwort. Ich war kurz davor, wieder in Tränen auszubrechen, aber die Pause gab mir etwas Hoffnung. Erwartungsvoll schaute ich ihr ins Gesicht.

»Du wirst bald herausfinden, daß es hier ganz anders zugeht als bei dir zu Hause, und je schneller du dich daran gewöhnst, umso besser.«

Und damit ließ sie mich stehen. Glücklicherweise war ich so beschäftigt mit meiner Bestandsaufnahme, daß mir Schwester C.s letzte Worte gar nicht richtig ins Bewußtsein drangen, wenigstens nicht sofort; erst später - wenn auch nicht viel später - sollten sie zum Zentrum meines Selbstmitleids werden. Im Augenblick jedoch waren die Taschentücher wichtiger, und nach intensiver Suche fand ich schließlich vier von ihnen. Das fünfte - das nasse - befand sich in meiner Hosentasche; fehlte also nur noch eines. Bevor ich von neuem auf die Suche nach dem vermißten Stück ging, sah ich mich zuerst nach einem sicheren Versteck für meine Sachen um. Neben jedem Bett stand ein Nachtschränkchen, aber das hatte kein Schloß, kam also nicht in Frage. Neben den Türen an beiden Seiten des Raums gab es Schränke mit großen Schubladen, die von allen gemeinsam genutzt wurden. Überall lagen schmutzige Kleidungsstücke, dazwischen vereinzelte saubere Hemden, und um Platz zu sparen, waren die Sachen auf engstem Raum zusammengestopft. Blieb als letzte Versteckmöglichkeit der Koffer selbst übrig. Man konnte ihn vielleicht unter dem Bett verstauen. Ich sah unter den anderen Betten nach, aber da lag nichts. Entweder war es verboten, oder es besaß außer mir niemand etwas, das es wert gewesen wäre, versteckt zu werden.

In diesem Augenblick öffneten sich an beiden Seiten die Türen. Ein abgesprochener Angriff?

Automatisch stopfte ich mir alle vier Taschentücher in die Hosentasche. Während ich mich zusammenriß, um den Eindringlingen mutig entgegenzutreten, spürte ich auf meinem linken Oberschenkel den beruhigenden Druck der Taschentücher. Meine Ruhe überraschte mich. Aller Emotionen beraubt, empfand ich nicht einmal mehr Angst, nur noch Traurigkeit. Die Jungs müssen fest mit meiner Angst gerechnet haben, denn ihre Angriffslust schien plötzlich zu erlahmen. Zwei von ihnen setzten sich in einiger Entfernung auf ihre Betten, offensichtlich um die Rolle des Zuschauers zu spielen. Aber welches Schauspiel wollten sie verfolgen? Hatten die Jungs vor, mich körperlich zu verletzen? War es möglich, daß sie bereits herausgefunden hatten, daß ich jüdischer Abstammung war? Nein, das war unmöglich! Die Schwester Oberin hatte versprochen, es ihrerseits geheim zu halten, wenngleich sie bezweifelte, daß sich diese Tatsache unter den gegebenen Umständen auf Dauer verheimlichen ließe. Ich wußte inzwischen nur zu gut, was mit »gegebenen Umständen« gemeint war. Meine Sicherheit, und damit gleichzeitig die meiner Schwester Judith, hing davon ab, wie gut es mir gelang, mein Geschlechtsteil vor neugierigen Gaffern zu verbergen. Mit so vielen anderen im selben Zimmer zu wohnen hieß, unter ständiger Beobachtung zu stehen. Ich würde tausende Tricks erfinden müssen, um mich ungestört an- und ausziehen, zur Toilette gehen oder mich waschen zu können. Gleichzeitig mußte ich ständig vor direkten Angriffen auf der Hut sein, zum Beispiel vor Versuchen, mir während eines Scheingefechtes oder eines echten Überfalls die Schlafanzughose herunterzureißen.

All das muß mir in jener Situation durch den Kopf gegangen sein, denn als einer der Jungs »Zeig uns deine Unterwäsche« rief, war ich in keinster Weise überrascht.

»Zeig uns deine Unterwäsche«, wiederholte er.

»Zeig uns die Farbe. Ist sie wirklich rosa?« fiel ein anderer Junge ein.

»Sie kann doch unmöglich rosa sein. Nur Mädchen tragen rosa Unterwäsche.«

»Vielleicht ist er ein Mädchen!«

Inzwischen pöbelten mich alle, einschließlich der beiden Zuschauer, lärmend an. Und plötzlich wußte ich auch warum: Beim Durchstöbern meiner Sachen waren sie auf die warme, rosa Flanellunterwäsche gestoßen, die meine Mutter so gewissenhaft verpackt hatte. Übrigens war meine gesamte Unterwäsche rosa, und ich wäre nie auf den Gedanken gekommen, daß irgend etwas daran so schlimm war. Aber damit lag ich offensichtlich falsch. Auch jetzt trug ich rosa Unterwäsche, und es war nur noch eine Frage der Zeit, wann sie mich entlarven würden. Es galt also nicht nur, den Inhalt meiner Unterwäsche um jeden Preis zu verstecken, sogar ihre Farbe war ein Problem.

Dann schoß mir der Gedanke durch den Kopf, daß man das eine möglicherweise benutzen könne, um vom andern abzulenken. Da die Jungs ganz versessen auf die Wäschefarbe zu sein schienen, würden sie vielleicht von mir ablassen, wenn sie sie gesehen hätten. Andererseits könnten sie auf die Idee kommen, die Jungen/Mädchen-Frage ein für allemal klären zu wollen. Vielleicht dachten sie auch, daß nur jüdische Jungen rosa Unterwäsche trugen, und statt sie vom für mich wirklich Bedrohlichen abzulenken, tat ich womöglich einen Schritt genau in die falsche Richtung.

Während ich noch das Pro und Kontra einer Teilpreisgabe gegeneinander abwog, packte der Anführer meine Hand und drehte mich mit dem Gesicht zur Wand.

»Schnell, zieht ihm die Hosen runter«, schrie er. Der Befehl wurde von zwei anderen Jungen gehorsam ausgeführt, und zum Vorschein kam, für alle sichtbar, das Rosa.

Ihr Lachen muß sie für einen Moment abgelenkt haben, denn es gelang mir, mich zu befreien, durch die Schwingtüren zu entwischen und wegzurennen. Ohne mich umzusehen, rannte ich durch dunkle Gänge, zahllose Türen und schließlich die Treppe hinunter. Plötzlich befielen mich Magenkrämpfe und schrecklicher Durchfall. Zum Glück erinnerte ich mich noch vage daran, im Hof eine hölzerne Latrine gesehen zu haben, und irgendwie gelang es mir, sie wiederzufinden. Während des Endspurts stieß ich noch einige Jungen, die sich gerade auf Schwester C.s Befehl vor der Küche versammelten, zur Seite. Die Latrine war das einzige, was für mich jetzt zählte, und ich betete zu Gott, daß sie frei war. Sie war es, und nachdem ich den Riegel von innen vorgeschoben hatte, erleichterte ich mich sogleich.

Es gab keine Toilettenschüssel, nur einen Balken über einem Loch, aus dem es schrecklich stank. Es war dunkel, nur durch die Lücken zwischen dem Türstock drang etwas Licht. Von meiner geduckten Stellung aus (ich traute mich nicht, mich auf den schmutzigen Balken zu setzen) konnte ich in den Hof schauen, während mich von draußen niemand sah. Für einen Moment fühlte ich mich sicher.

Die Krämpfe kehrten wieder, und der Durchfall meldete sich zurück – mit so lauten Geräuschen, daß sie jeder im Hof hören mußte. Ich sah, wie die Jungs draußen zu kichern begannen und zur Latrine zeigten. Kurz darauf rief jedoch jemand etwas von Essen gehen, und alle rannten Richtung Küche. Der Hof war jetzt wie ausgestorben, und die Sonne schien hinter dem hohen Kirchturm verschwunden zu sein, denn das Licht war weich und schwach geworden. Da meine Beine von der langen Hockstellung schmerzten, richtete ich mich langsam auf. Erst jetzt merkte ich, daß es nirgendwo Toilettenpapier gab. Da die Bauchschmerzen nachgelassen hatten, konnte ich eigentlich meinen Abzug ins Auge fassen; aber ohne Toilettenpapier – und zwar Massen davon – war ich ein Gefangener.

Eine ganze Menge Brot kauender Jungs strömte nach und nach in den Hof zurück. Offensichtlich hatten sie den Neuling, der ihnen schon so viel Unterhaltung geboten hatte, nicht vergessen. Inmitten einer Gruppe von andächtig lauschenden Zuhörern entdeckte ich auch meinen Schachgegner. Es dauerte nicht lange, da umringte die ganze Gruppe – insgesamt 22 Mann – die Latrine und forderte mich auf herauszukommen.

Angesichts meiner heiklen Lage setzte ich meine verzweifelte Suche nach Papier oder irgend etwas anderem, das helfen konnte, fort. Als die Jungs mich zu verspotten begannen, reagierte ich einfach nicht darauf. Das schien sie noch wütender zu machen, denn die Beleidigungen wurden immer gemeiner und gipfelten in Sätzen wie:

»Komm raus, du Feigling!«

»Komm raus und zeig uns deine Unterwäsche!«

»He, Mädchen, kannst du im Stehen pinkeln?«

»He, du reicher Kerl, wie gefällt dir dein neues Zuhause?«

»Du Scheißer, hör auf zu scheißen und komm raus!«

»Komm raus und zeig uns dein feines rosa Vorderteil!«

Ich dachte an die Taschentücher in meiner Hosentasche. Einen Moment lang geriet ich in Versuchung, sie zu benutzen. Ich zog sie heraus und betrachtete sie: wunderschön kariert und vor ewigen Zeiten von meiner Mutter gereinigt, gebügelt und gefaltet.

Nein! Die Taschentücher niemals!

Schwester C. tauchte plötzlich von irgendwoher auf und kreuzte mein Blickfeld, während sie sich langsam der Szene näherte. Die Bande hatte offenbar Angst vor ihr, denn die Beschimpfungen und die Umzingelung hörten augenblicklich auf.

»Duro!« Sie gebrauchte die herbe Straßenversion meines slowakischen Namens. »Komm sofort heraus!«

Ich antwortete nicht, aber sie konnte mich vermutlich hinter der verschlossenen Tür wimmern hören. Ihre nächste Anweisung verkündete sie mit leiser, zischender Stimme ganz nah an der Tür: »Wenn du nicht sofort die Tür öffnest, erhältst du gleich hier, vor den andern, eine Tracht Prügel.« Sie wußte selbstverständlich, mit welchen Mitteln sie mich einschüchtern konnte. Aber in diesem Augenblick würde mich nichts auf der Welt, absolut gar nichts, dazu bewegen, rauszukommen.

Nach einer Reihe weiterer Drohungen kam sie auf die brillante Idee, meine Schwester holen zu lassen. Das war zu viel; der Gedanke, Judith könne mich in dieser Lage sehen, war schrecklich. Und während sich einer der Jungs auf die Suche nach der Schwester machte, die bei den Mädchen Aufsicht führte – es war kein direkter Kontakt zwischen den Geschlechtern erlaubt –, versuchte ich, mich mit den Fingern zu reinigen und schmierte das nasse, gelbliche Zeug anschließend an die Latrinenwände. Ich war in einem Zustand absoluter Panik und wußte nicht mehr, was ich tat. Mein einziger Wunsch war, vor der Ankunft meiner Schwester aus dieser Falle zu verschwinden. Nach Vollendung der Wandbemalung zog ich meine Hosen hoch und öffnete mit zitternden Händen die Tür.

Trotz zunehmender Dunkelheit sah Schwester C. sofort, was passiert war. Mit einer Behendigkeit, die mich noch bei vielen zukünftigen Anlässen wundern sollte, entblößte sie mein Hinterteil, lehnte mich mit dem Gesicht gegen die Latrinenwand, förderte irgendwo aus den tiefen Falten ihrer

Tracht einen langen, dünnen Stock zutage und begann, mich zu schlagen. Zu dem peitschenden Geräusch des Stockes gesellten sich ihre für eine Nonne wenig ziemlichen Flüche:

»Du schmutziger Junge ... Du elende Kreatur ... Ich werde dir beibringen, wie man scheißt ... du wirst sehen, wie ich es dir beibringe ... Ich werde es dir beibringen ... Ich werde es dir beibringen ...«

Dieser letzte Satz, den sie viele Male wiederholte, schien, als passender Kontrapunkt zum Rhythmus der Schläge, eine beruhigende Wirkung auf sie auszuüben. Als ich realisierte, daß sie mich nicht einmal auf dem Höhepunkt ihrer Explosion – und obwohl ich ihr einen idealen Anlaß geliefert hatte – »dreckiger Jude« genannt hatte, fühlte ich mich seltsam erleichtert. An dieser Latrinenwand, die jetzt meine Handschrift trug, vor allen entblößt, hatte ich also endgültig meine Aufnahmeprüfung bestanden.

Lektionen in Grausamkeit

Furcht ist der Vater der Grausamkeit.
J. A. Froude, Parteipolitik

Erste Lektion. Ich habe eine ganze Menge über Grausamkeit gelernt, seltsamerweise aber resultiert nur ein sehr geringer Teil davon aus meiner Rolle als deren Zielscheibe. Schmerz und Furcht des Opfers sind relativ banale Erfahrungen, die nur begrenzte Rückschlüsse auf die Gefühle des Täters zulassen. Außerdem konzentrieren sie die Aufmerksamkeit auf einen Punkt, der die Beobachtungsfähigkeit einschränkt. Man betrachte die fast prototypische Einfachheit der folgenden Episode als Beleg hierfür.

Es geschah an einem kalten Winternachmittag; draußen war es schon dunkel. Ich befand mich auf dem Rückweg von der Schule zum Waisenhaus, als mich vor Hunger plötzlich stechende Schmerzen überfielen. Gemessen an ihrer Intensität müssen die nur allzu vertrauten Magenkrämpfe schon eine ganze Weile vorhanden gewesen sein, ich war nur zu sehr mit anderen Dingen beschäftigt, um sie wahrzunehmen.

Auf dem Rückweg von der Schule lauerten ständig neue Gefahren. In meiner Klasse gab es ein paar Mitschüler, die darum wetteiferten, mir das Leben so schwer wie möglich zu machen, und der hart gefrorene Schnee lieferte ihnen jede Menge Gelegenheiten dafür. Sie konnten eisharte Schneebälle nach mir werfen oder sie mir einfach von hinten ins

Hemd stopfen. Frisch gefallener Schnee war weniger bedrohlich, da das Neue daran ablenkend wirkte und sie oft auf die Idee zu anderen Spielen brachte. Auch der Weg zur Schule war gefährlich, aber wenn ich es so einrichtete, daß ich erst im letzten Augenblick vor Unterrichtsbeginn eintraf, konnten sie nichts mehr unternehmen. Natürlich waren sie dann frustriert und drohten um so heftiger damit, was mir während der Pausen und erst recht nach Schulschluß alles passieren würde.

An jenem Tag schien der Heimweg gar nicht so schlimm zu werden; in der Nähe der Schule gab es zahlreiche Passanten; ich konnte mich zu meinem Schutz unter sie mischen. Das funktionierte bis ein paar hundert Meter vor dem Waisenhaus auch ganz gut, aber dann mußte ich rennen. Zwei der Bande verfolgten mich, als ich jedoch um die nächste Ecke gebogen war, tauchten sie nicht mehr auf. Offensichtlich hatten sie eine interessantere Beschäftigung gefunden. Ich konnte mich also endlich wieder beruhigen, und genau an diesem Punkt begann sich der Hunger zu melden.

Die Chancen, etwas gegen dieses vertraute Gefühl zu unternehmen, standen schlecht. Um meinen Magen zusammenzupressen, hatte ich meinen Gürtel schon im letzten Loch befestigt. Geld besaß ich auch keines; mit Ausnahme der Ältesten hatte niemand im Waisenhaus jemals welches. Etwas zu essen zu kaufen kam also auch nicht in Frage. Unvermeidlicherweise erwachte natürlich wieder die Idee, Essen zu stehlen, aber ich widerstand der Versuchung sogleich. Seltsam, wie verbotene Gedanken im Verborgenen ruhen und dabei stets auf ihre Chance lauern. Als frommer Katholik wußte ich, daß Stehlen eine Sünde war – eine, die ich schon mehrmals hatte beichten müssen. Meine letzte Kommunion war erst ein paar Wochen her, und ich wollte meine »Reinheit« und »Unschuld« so lange wie möglich bewahren. Abgesehen davon wurden Lebensmittel besonders gut bewacht, so daß sich kaum eine Gelegenheit zum Diebstahl bot. Als ich den Marktplatz erreichte, ging mir plötzlich wieder die einzige Gelegenheit, die sich mir je geboten hatte, durch den Kopf.

Vor ein paar Wochen hatte ich mir während des gemeinsamen Küchendienstes mit dem einzigen anderen jüdischen Jungen des Waisenhauses eine kurze Pause vom ewigen Kartoffelschälen gegönnt und war zur Toilette verschwunden. Die Küche befand sich im Erdgeschoß, mit Blick auf den Hof; unsere Unterkünfte lagen im ersten Stockwerk, die der Nonnen im zweiten. Ich war noch nie im zweiten Stock gewesen, es war uns natürlich auch streng verboten. Die Uhr hatte gerade zwölf geschlagen. Alle außer Rado und mir in der Küche waren entweder in der Schule oder in der Kapelle. Es war ein kalter, aber klarer Tag, und einzelne Sonnenstrahlen versuchten in die langen, düsteren Klostergänge einzudringen.

Schon auf halbem Weg nach oben nahm ich einen köstlichen Geruch nach frischen Bratkartoffeln wahr. Als ich vor dem Eingang unserer Abteilung stand, sah ich auf der Treppe zum zweiten Stock plötzlich eine Pfanne mit wunderbar heißen, braunen Kartoffeln stehen. Die gleichmäßig geschnittenen, gut gebräunten Kartoffelscheiben waren peinlich genau in Reihen angerichtet. Ich hatte schon lange nichts dergleichen mehr gesehen. Die Schwester, die sie dort abgestellt hatte, mußte es sehr eilig gehabt haben, oder vielleicht war ihr die Pfanne zu heiß zum Tragen gewesen. Jedenfalls stand sie jetzt dort, zog meine bewundernden Blicke auf sich und führte mich – hungrig, wie ich immer war – mit ihrem betörenden Aroma in Versuchung. Eine Weile widerstand ich noch der Verlockung, während mein Herz in scheinbarer Vorahnung dessen, was gleich passieren würde, heftig zu klopfen begann; schließlich schnappte ich mir die am braunsten gebratene Kartoffel, schlang sie so hastig herunter, daß ich gar nichts mehr schmeckte, sondern mir nur die Zunge verbrannte, und dann rannte ich um mein Leben.

Der Beichtvater bestand darauf, alle Details meiner Versuchung zu erfahren. Aus irgendeinem Grund legte er besonderen Wert auf den Geruch, als sei dieser die Hauptwaffe des Teufels. Zehn Vaterunser und zehn »Gegrüßet seist du Maria« später fühlte ich eine schwere Last von mir fallen und wußte, daß ich der Erlösung wieder würdig war und weiterhin mit einiger Zuversicht für die sichere Rückkehr meiner Eltern beten konnte.

Die ganze Zeit über war mir diese Episode durch den Kopf gegangen, wobei ich mich stets, vermutlich länger als wünschenswert, bei den Kartoffeln selbst aufhielt. Der heutige Tag machte da keine Ausnahme, und die Bilder schienen eher von meinem Hunger als von mir selbst kontrolliert zu werden. Meine Tagträume kreisten häufig um das Thema Essen, allerdings schon lange nicht mehr um die köstlichen Mahlzeiten bei uns zu Hause, die mich während der ersten Monate im Waisenhaus bis in den Schlaf verfolgt hatten. Im Laufe der Zeit wurden meine Traumgerichte bescheidener. Am häufigsten dachte ich an Brot: an den Geruch frischen Brotes, das Geräusch beim Brechen der Kruste, an den warmen Laib Brot aus der Backstube und an den himmlischen, von zu viel Hefe leicht säuerlichen Geschmack des frisch gebackenen Teiges. Ich tröstete mich mit der Aussicht auf ein Marmeladenbrot, das es in ein paar Stunden geben würde. Wahrscheinlich würde es sogar für alle reichen, und mit etwas Glück konnte ich eine Scheibe erwischen; vorausgesetzt natürlich, daß Hans mir nicht dazwischenkam.

Hans war groß, doppelt so alt wie ich und Deutscher. Sein

Gang war schlaksig, und er mußte sein blaßblondes Haar aus irgendeinem Grund nicht, wie wir andern, kurz geschoren tragen. Seine stahlblauen Augen ließen mich jedesmal erschauern, wenn er mich ansah. Als er ins Waisenhaus kam, ernannte ihn Schwester C. gleich zum Leiter unserer Gruppe. Von da an standen wir an den meisten Nachmittagen unter seiner strengen Aufsicht. Er wachte penibel darüber, daß wir keinen Unfug anstellten, sondern unsere Hausaufgaben erledigten und den religiösen Klosterpflichten nachgingen. Ich hatte keine Ahnung, ob Hans Waise war oder ob er, wie Judith und ich, nur vorübergehend bis Kriegsende hier wohnen sollte. Falls die Deutschen den Krieg gewannen, würde er das Waisenhaus vermutlich verlassen, und wir müßten für immer drin bleiben. Wenn die Deutschen aber den Krieg verloren (und das taten sie sicher, wo ich doch jeden Tag demütig dafür betete), dann würden Anyuka und Apuka zurückkehren und uns hier herausholen, während Hans für immer bleiben müßte. Ich hoffte, daß er nicht betete, denn sonst würde die Macht meiner eigenen Gebete vielleicht geschwächt. Ab und zu machte ich mir durchaus Gedanken über Gottes Problem und fragte mich, welche Meinung Er sich wohl über die Deutschen gebildet hatte.

Ich erinnerte mich daran, Hans schon in unserer Nachbarschaft in Žilina gesehen zu haben; als treues Mitglied der Hitlerjugend hatte er bei deren Aufmärschen gewöhnlich die Fanfare geblasen. Er hatte seine Trompete sogar mit ins Waisenhaus gebracht und übte ab und zu. Er wußte, daß ich jüdischer Abstammung war, und nutzte seine neu gewonnene Autorität vom ersten Augenblick an, um mir das Leben so schwer wie möglich zu machen. Er wußte auch über Rado Bescheid und später über Fischer, als der zu uns kam; aber es schien, als hätte er mich zu seinem Hauptangriffsziel auserkoren. Er legte einen unerschöpflichen Erfindungsreichtum an den Tag, wenn es darum ging, neue Quälereien gegen mich auszuhecken, wobei er sich stets geschickt davor hütete, erwischt zu werden. Vor Schwester C. brauchte er sich allerdings nie in acht zu nehmen. Sie stand hinter ihm und hatte oft selbst großen Spaß daran, mich zu »disziplinieren«.

Zu jener Zeit war es sehr kalt, und so drängten wir uns immer dicht um den Ofen. Da Kohleknappheit herrschte, durften wir erst am späten Nachmittag Feuer machen. Wenn dann die Flammen zu züngeln begannen, starrten wir alle wie gebannt in die Kohle. Hans war für den Ofen verantwortlich, eine Arbeit, die ihm sehr zu gefallen schien. An diesem Tag hatte er mir befohlen, die Kohlen aus dem dunklen, weit entfernten Keller zu holen. Anschließend war es mir gelungen, ihm aus dem Weg zu gehen und möglichen Ärger zu vermeiden.

Die Ofenhitze wärmte schon nach kurzer Zeit unsere zitternden Körper und ließ ein Gefühl von Wohlbehagen und Zufriedenheit aufkommen. Da ich jetzt nicht mehr fror, hatte ich um so scheußlicheren Hunger bekommen und war hoch erfreut, als die schwere Tür aufging und Schwester C. Brot und Marmelade brachte. Wir waren zu siebt, genauso viele Scheiben Brot konnte ich zu meiner Erleichterung auf dem Tablett zählen. Trotzdem bezog ich argwöhnisch in der Nähe der ersehnten Mahlzeit Position. Kaum hatte Schwester C. das Tablett auf dem Tisch abgestellt und den Raum verlassen, versuchten sich alle gleichzeitig aufs Essen zu stürzen, aber Hans war zu schnell für uns. Mit einem Sprung baute er sich vor dem Tisch auf, woraufhin wir andern erst mal zögerten. Er nahm sich die größte Scheibe – auf die ich natürlich auch ein Auge geworfen hatte – und begann, sie lässig zu verspeisen. Während er kaute, wanderten seine Augen genüßlich von einem zum andern. Seinen marmeladeverschmierten Mund verzerrte ein teuflisches Grinsen. Nachdem er den dritten Bissen heruntergeschlungen hatte – ich zählte tatsächlich die ganze Zeit mit –, erlaubte er Jozo, einem der größeren Jungen, sich eine Scheibe zu nehmen. Blieben noch fünf auf dem Tablett. Dann bekam einer nach dem anderen seine Ration, bis nur noch ich und die letzte Scheibe Brot – leider natürlich die kleinste – übrig waren. Während mich Hans scharf musterte, verzog sich sein Mund zu einem breiten Grinsen. Die andern mampften unterdessen stillschweigend ihr Brot und warteten darauf, daß das Drama seinen Lauf nahm.

»Komm, hol dir dein Stück«, sagte Hans.

Vorsichtig näherte ich mich und streckte meine Hand nach der Beute aus. Im letzten Moment, als ich schon ganz erleichtert und zuversichtlich war, zog Hans plötzlich das Tablett weg. Ich versuchte es noch einmal, und die gleiche Szene wiederholte sich. Die andern standen jetzt dicht um mich herum, ich konnte ihr erregtes Atmen hinter meinem Rücken hören. Es war mir klar, daß meine Chancen auf die Scheibe Brot schlecht standen, trotzdem gab ich nicht auf. Der kleine runde Tisch mit dem mit Marmeladeresten beschmierten Zinntablett war meine Arena; die übriggebliebene winzige Scheibe Brot der Feind. Ich mußte ihn mir schnappen und ihn verschlingen, koste es, was es wolle. Wenn aber das Brot der Feind war, welche Rolle spielte Hans in der Geschichte? Wie ein wütender Stier, der statt des Matadors nur dessen roten Umhang angreift, preschte ich immer wieder nach vorn, ohne jeden Erfolg. Nach einer Weile ließen sowohl das Interesse der Zuschauer als auch das von Hans nach.

Gerade, als ich mein Ziel zu guter Letzt noch in greifbare Nähe rücken sah, kam Hans auf eine neue Idee.

»Du und Jozo, ihr solltet darum kämpfen. Wer gewinnt, bekommt die Scheibe Brot.«

Obwohl ich nicht die leiseste Chance gegen Jozo hatte, war es jetzt zu spät für einen Rückzieher. Meine von blanker Enttäuschung geschürte Wut muß ihn zunächst überrascht haben, aber es dauerte nicht lange, bis er seine totale Überlegenheit auszuspielen begann. Der Fußtritt in meinen leeren Magen war mehr, als ich verkraften konnte, und schon war alles vorbei. Hans ließ mich den Raum nicht verlassen, und während ich leise wimmernd in einer dunklen Ecke, weit vom Ofen entfernt, kauerte, mußte ich mitansehen, wie sich Jozo an meinem Brot vergriff.

Dies war der vielleicht einfachste Typ von Grausamkeit. Der Übeltäter befand sich so weit außer Reichweite wie der Matador hinter seinem Umhang. Und das Opfer, das, ähnlich wie Sisyphus, seine kümmerlichen Angriffsversuche gegen unbezwingbare Mächte immer und immer wieder zwanghaft wiederholte, ohne einen einzigen Treffer zu landen, war im wahrsten Sinne des Wortes ein Solist.

Zweite Lektion. Aus der Sicht des Täters stellt sich Grausamkeit ganz anders dar, und deshalb möchte ich jetzt auch über die von mir verübte schreiben.

In der Toilette. Es ist dunkel, das Dämmerlicht der gerade untergegangenen Sonne leitet einen langen Winterabend ein. Das »stille Örtchen« ist eng, schmutzig und riecht schrecklich. Ich bin zusammen mit Fischer drin, obwohl man sich dort zu zweit kaum bewegen kann. Ich erinnere mich nicht, ob ich ihn gestört habe oder ob wir gemeinsam reingegangen sind, ich denke, eher letzteres. Irgendwie muß es mir wohl gelungen sein, ihn trotz seiner bisherigen Erfahrungen zu überzeugen – oder vielleicht auch zu nötigen –, mit mir da reinzugehen. Obwohl ihm klar gewesen sein muß, daß ich ihm auch jetzt wieder übel mitspielen würde, hat er es nicht geschafft, mir Widerstand zu leisten. Fischer ist so alt wie ich – eher ein Jahr jünger –, er ist Jude, ist erst lange nach mir ins Waisenhaus gekommen und fürchtet sich. Aus seinen Augen spricht Angst, und dieses Entsetzen hat bei mir wohl eine leidenschaftliche Lust ausgelöst, ihn immer und immer wieder zu quälen. Sobald ich die Latrinentür von innen versperrt habe, beginne ich ihn zu erschrecken. Es ist ein unorganisierter, improvisierter Angriff, was seine Wirkung jedoch nicht schmälert. Ich fange mit Schimpfwörtern an: »dreckiger Jude«, »Schwein«, und so weiter. Als nächstes drohe ich ihm, mich ja nicht zu verraten, besonders nicht bei Schwester C. Dann gehe ich zu anderen Foltermethoden über. Die wirkungsvollsten sind angsteinflößende Gebärden wie Augenrollen oder Zähneknirschen. Ich kann meine Mundwinkel mit den Fingern nach außen ziehen und gleichzeitig meine Augen so verdrehen, daß man nur das Weiße sieht. Es ist kaum jemals physische Gewalt im Spiel, abgesehen von einem gelegentlichen Verdrehen des Armes oder einem Kneifen in die Haut. Die Drohung, nicht deren Ausführung, ist die Kunst, und das Ziel heißt nicht Schmerz, sondern Angst. Man muß sich nur eine Minute anstrengen und erzielt, wenn nichts dazwischenkommt, eine nachhaltige Wirkung. Manchmal zieht es sich so lange hin, bis Fischer zu heulen anfängt. Dann tut er mir leid, und ich verspreche ihm, ihn in Ruhe zu lassen; er verspricht mir, nichts zu verraten, und wir gehen fast als Freunde auseinander.

Ich kann beobachten, wie sich seine Augen mit Entsetzen füllen und wie dann an einem bestimmten, nicht vorhersehbaren Punkt die Angst in Traurigkeit übergeht. Manchmal verliere ich fast die Geduld, wenn mir der Verwandlungsprozeß zu langsam in Gang zu kommen scheint und ich das Gefühl habe, als gefiele ihm die Sache beinahe. Wenn das passiert, ist Improvisation gefragt, um die Dinge zu beschleunigen. Ich ertappe mich bei Gedanken wie: »Los Fischer, fang um Gotteswillen an zu heulen! Verdammt, wie lange, glaubst du, können wir denn noch hier drinbleiben?« Sobald er zu weinen beginnt, überträgt sich auf mich ein Gefühl völliger Verzweiflung und Trostlosigkeit, das mir Angst macht, mich aber gleichzeitig total entwaffnet und seltsam erleichtert.

Fischer ist der einzige Mensch, den ich je mit Absicht gequält habe. Das macht ihn sehr wichtig, und ich wüßte zu gerne, was aus ihm geworden ist. In der dunkelsten Stunde, im kältesten Winter, in der einsamsten und verzweifeltsten aller Zeiten schlossen wir einen schändlichen, eigenartigen Bund. Indem er sich fast freiwillig als Opfer meiner gemeinen Folterungen zur Verfügung stellte, erteilte er mir eine Lehre in der Kunst der Unterwürfigkeit.

Plötzlich frage ich mich, ob Fischer eine Brille trug. Dieses Detail beschäftigt mich fast bis zur Besessenheit. Angenommen, er trug eine Brille: Habe ich sie ihn dann vor unserer »Sitzung« abnehmen lassen, um seine Augen besser beobachten zu können? Ist das nicht genau der Stoff, aus dem Grausamkeit gemacht ist?

DRITTE LEKTION. Mein Lehrer hieß Matejcik. Er war ein großer, bulliger Mann mit einem dunkelroten Gesicht. Mit lauter Stimme und seinem Stock führte er als absoluter Herrscher über die Klasse ein strenges Regiment. Das bevorzugte Ziel seiner Stockschläge waren unsere Fingerspitzen.

»Mach eine schöne Rose«, sagte er gewöhnlich, woraufhin der Schüler seine Fingerkuppen aneinanderlegen mußte, damit sie ein treffsicheres Ziel abgaben. Ohne großen eigenen Aufwand konnte er mit dieser effektiven Methode starke Schmerzen verursachen.

»Mach jetzt mit der andern Hand eine schöne Rose.« Die unvermeidliche Folge dieser Aufforderung war, daß man mehrere Tage lang keinen Bleistift in der Hand halten und nicht schreiben konnte. Das Rosen-System war viel wirkungsvoller als die »Hemd-hoch-« und »Hosen-runter-Methoden«; ich fragte mich oft, ob es vielleicht Matejciks eigene Erfindung war.

Er hatte eine wunderschöne, tiefe Stimme, von deren Resonanz ich jedes Mal, wenn ich ihn singen hörte, aufs Neue begeistert war. Sogar, wenn wir die slowakische Hymne grölten, konnte man seine Stimme aus der Masse heraushören. Er konnte auch Geige spielen; nicht nur Zigeunermusik, sondern viele Stilarten, und alles ohne Noten. Seine zweite Liebe neben der Musik galt dem Mathematikunterricht, und darin war ich der Klassenbeste. (Ich war auch der Beste in Lesen, aber das war weniger wichtig, außer bei Besuchen des Rektors, bei denen ich immer vorlesen durfte.) Matejcik liebte alle Arten von Zahlenspielereien, besonders Zahlenrätsel, was mir, wenigstens für eine Weile, den Vorteil verschaffte, unter seinem besonderen Schutz zu stehen.

Aus heiterem Himmel brach dann plötzlich die Katastrophe über uns herein. Eines Abends, kurz nach Weihnachten, als ich auf dem Heimweg zum Kloster am Grand Hotel vorbeikam, hörte ich einen Riesenlärm aus der Hotelhalle dringen. Ich blieb stehen, um den Aufruhr zu beobachten. Ich kannte das Grand Hotel noch aus der Zeit, als mich Apuka zum Schachspielen dorthin mitgenommen hatte. Gelegentlich spielte er dort auch am Wochenende stundenlang Karten, und Anyuka schickte Judith oder mich immer hin, um ihn nach Hause zu holen. Gerade als ich mich wieder auf den Weg zum Waisenhaus machen wollte, setzte sich die Drehtür in Bewegung, und heraus kam Matejcik. Er war offensichtlich betrunken und kaum noch in der Lage, sich gerade zu halten. Benommen blickte er in der Gegend herum, und plötzlich entdeckte er mich, wie ich da stand und ihn beobachtete. Trotz seines Zustandes und trotz des Dämmerlichts waren Anzeichen des Wiedererkennens in seinen blutunterlaufenen Augen wahrnehmbar. Es dauerte nur einen flüchtigen Augenblick lang; dann schlug er schnell den Kragen seines schweren Wintermantels hoch und verschwand, sichtlich um Haltung bemüht, in einer angrenzenden Allee. Instinktiv wußte ich, daß etwas Schreckliches passiert war und daß es in der Schule nie mehr so wie vorher sein würde.

Ein Gedanke zum Thema Zufall. Jeder hat seine eigene, oftmals beängstigende Geschichte einer zufälligen Begegnung. Jedesmal, wenn ich an jenen schicksalhaften Abend zurückdenke, an dem ich mich zufällig zur falschen Zeit am falschen Ort aufhielt, geht mir gleichzeitig auch mein klassisches Zufallserlebnis durch den Kopf. Wenn einem Menschen wie mir, der sein ganzes Berufsleben lang wissenschaftliche Methodik als stichhaltigstes analytisches Kriterium angewandt hat, etwas wie das im folgenden Geschilderte passiert, dann bringt ihn ein solches Erlebnis zunächst einmal in Konflikt mit seiner Ratio und jeglicher empirischen Erfahrung. Aus mir nicht ganz schlüssigen Gründen löst jene Nichtanwendbarkeit traditionell akzeptierter logischer Verfahren aber gleichzeitig ein erregendes, fast perverses Gefühl der Befriedigung aus. Wie hoch der Preis und wie trivial die Begegnung auch sein mögen, für einen kurzen Augenblick erheben wir uns über unser eigenes banales Selbst.

Im Sommer 1979 legte ich auf dem Weg zu einem Forschungssemester an der Stanford University einen Zwischenstop in New York ein. Ich ging gerade den Broadway entlang, als ich in Höhe der Achten Straße zu meiner Rechten – obwohl ich auf dem rechten Auge praktisch blind bin – am äußersten Rand meines Blickfeldes etwas wahrnahm, das meine Aufmerksamkeit auf sich zog. Es handelte sich um einen Buchladen. Das Seltsame daran war, daß im Schaufenster nur ein Buchtitel ausgestellt war: Arthur Koestlers vor kurzem erschienenes Werk *Die Wurzeln des Zufalls*. Das riesige Schaufenster war mit etwa zwanzig Exemplaren dieses einen Buches ästhetisch ansprechend gestaltet. Ein Teil meines Interesses resultierte sicherlich daraus, daß ich mit Koestler in Briefkontakt stand. Begonnen hatte unsere – wenn auch nur sporadische – Korrespondenz vor vielen Jahren, nach meiner Rückkehr aus Indien. Damals war gerade sein Buch *Von Heiligen und Automaten* erschienen. Hier vor dem Laden fragte ich mich plötzlich zum ersten Mal, warum ich Koestler eigentlich nie persönlich begegnet war. So vergingen einige Minuten, dann kehrte ich dem Schaufenster den Rücken, um meinen Spaziergang fortzusetzen. Nach nur wenigen Schritten ließ mich jedoch irgend etwas umkehren. Während ich wieder unschlüssig vor dem Laden stand, Spekulationen darüber anstellte, was Koestler wohl dazu bewogen haben mochte, ein ganzes Buch dem Thema Zufall zu widmen, und mir überlegte, ob ich es jetzt oder lieber später kaufen sollte, ging hinter mir eine alte Frau vorbei. Ich sah ihr Spiegelbild im Schaufenster. Ein paar Sekunden später machte ich mich wieder auf den Weg. In diesem Augenblick fiel genau an der Stelle, wo ich gewesen wäre, wenn mich nicht irgend etwas kurzfristig hätte umkehren lassen, eine große Glasplatte aus einem der oberen Stockwerke direkt auf den Bürgersteig. Die alte

Frau stürzte, über und über mit Glasscherben bedeckt und blutüberströmt, bewußtlos aufs Pflaster.

Matejcik konnte mir nie verzeihen, daß ich Zeuge seiner Trunkenheit geworden war. Möglicherweise hatte man ihn sogar aus dem Grand Hotel hinausgeworfen, und obwohl ich mir diesbezüglich nie sicher war, wußte er, daß es durchaus im Bereich des Möglichen lag, daß ich Bescheid wußte. Am nächsten Morgen unternahm ich den verzweifelten Versuch, völlig unverdächtig zu wirken. Ich wagte nicht, ihm auch nur ein einziges Mal direkt in die Augen zu sehen, und meldete mich nicht, wie sonst üblich, freiwillig im Mathematikunterricht. Ich spürte, daß er mich die ganze Zeit über anstarrte, vielleicht wollte er mich bewußt zu einem Fehler provozieren. Wir erhielten oft den Befehl, »Haltung annehmen!«, was bedeutete: Hände auf den Rücken, Brust raus, Kopf hoch, Augen starr nach vorn gerichtet. Als wir am Morgen nach der nächtlichen Begegnung in dieser Stellung verharrten, kreuzten sich Matejciks und meine Blicke mehrmals, wobei ich es äußerst schwierig fand, ihn nicht direkt anzuschauen, sondern irgendwie durch ihn hindurchzusehen. Ich erinnere mich noch, wie er sich mit dem Stock in der Hand an mich heranpirschte, bis sein rötliches Gesicht ganz dicht vor meinem angelangt war. Rückblickend muß ich feststellen, daß ich mich sehr töricht benommen habe. Falls er, in der Hoffnung, sein Gesicht wahren zu können, noch Zweifel hegte, ob ich ihn vor seinem Verschwinden in der Dunkelheit tatsächlich erkannt hatte, dann lieferte ihm mein seltsames Verhalten, mein krampfhaftes Ausweichen, den endgültigen Beweis. Nur durch ein völlig normales Auftreten hätte ich ihm die Illusion erhalten können, ihn nicht gesehen zu haben. Aber das war vielleicht etwas zu viel verlangt von einem achtjährigen Kind, obwohl solche Verhaltensweisen oft ganz natürlich entstehen und wahrscheinlich auch keine große Erfahrung voraussetzen.

Auschwitzüberlebende berichten häufig, von welch ausschlaggebender Bedeutung es war, einen direkten Augenkontakt zu den SS-Wachen um jeden Preis zu vermeiden. Hauptzweck dieser Verhaltensnorm war, seine Anonymität zu wahren und in der Masse nicht aufzufallen. Denn bei den Todesselektionen lag das Schicksal des Einzelnen in der Hand von Zahlen, und die einzige Überlebenschance war, daß die Quote durch andere Lagerinsassen erreicht und man selbst übergangen würde.

Wenn ich an die Geschichte mit Matejcik denke, dann frage ich mich unwillkürlich, ob es nicht noch einen grundsätzlich anderen Grund für das Wegsehen gibt, nämlich den, kein Zeuge sein zu wollen, um den Täter nicht in Verlegenheit zu bringen. War es möglich, daß auf jenem fernen Planeten, Auschwitz, dieselben Rollenspiele menschlichen Verhaltens gespielt wurden?

Im Lauf der nächsten Wochen steigerten sich die Spannungen in der Schule bis zur Unerträglichkeit. Die subtilen Feindseligkeiten des Lehrers gegenüber seinem ehemaligen Lieblingsschüler arteten in offene Feindschaft aus. Er machte es sich zur Gewohnheit, meine Hand absichtlich zu »übersehen«, wenn ich mich antwortbereit meldete. Das grenzte teilweise schon ans Absurde, wenn nämlich niemandem außer mir eine korrekte Antwort einfiel. Der Rest der Klasse konnte dann mit ungläubigem Staunen verfolgen, wie Matejcik lieber geduldig auf einen erneuten Versuch derjenigen wartete, die bereits eine falsche Antwort gegeben hatten, als mich aufzurufen. Und wenn das nicht zum Erfolg führte, beantwortete er seine Fragen einfach selbst. Nur wenn er ganz sicher war, daß ich etwas nicht wußte – gar nicht wissen konnte –, wandte er sich mit polternder Stimme an mich. Niemand konnte übersehen, was da vor sich ging, und da ich nun offiziell zum Freiwild erklärt worden war, fühlten sich alle meine bisherigen Folterer zusätzlich ermuntert. Nicht daß sie vorher sonderliche Hemmungen gezeigt hätten, aber jetzt waren ihren Frechheiten mir gegenüber keinerlei Grenzen mehr gesetzt. Ich ahnte, daß in nächster Zukunft etwas Schreckliches passieren würde, aber als die Katastrophe dann tatsächlich über mich hereinbrach, traf sie mich völlig unvorbereitet.

An jenem Tag tauchte der lange herbeigesehnte Sonnenschein die Schule in strahlendes Licht; die ideale Kulisse für die Bühne, auf der sich mein kleines Drama abspielen sollte. In unserem Klassenraum standen vier Reihen mit je fünf Pulten, an jedem saßen zwei Schüler. Mein Platz war in der vorletzten Reihe. Mein Banknachbar zur Rechten hieß Jan und stammte aus einer reichen Familie. Sein Vater hatte früher einen Delikatessenladen besessen und war inzwischen auf das im Krieg profitablere Metzgereigewerbe umgestiegen. Jan war immer adrett gekleidet und besaß sogar einen Wintermantel aus reiner Wolle. Seine ausnahmslos neuen Bücher bewahrte er in einer teuren schwarzen Lederaktentasche auf. Er schloß mit niemandem Freundschaft und saß immer am äußersten Ende unseres Pultes, so weit entfernt von mir wie möglich. Ich hatte nichts gegen Jan und seinen Reichtum; das einzige, worum ich ihn beneidete, waren die farbigen Papierumschläge seiner Bücher. Mutter hatte Judiths und meine Schulbücher immer in buntes Papier eingeschlagen.

Jan genoß viele Privilegien; sein Vater war nicht nur Metzger, sondern auch – möglicherweise paßte das eine zum andern – Mitglied der faschistischen Slowakischen Garde. Dies erklärte auch, warum ihn Matejcik niemals anrührte. Jan konnte machen, was er wollte, ohne je bestraft zu werden. Die meiste Zeit über machte er allerdings gar nicht viel. Er saß einfach nur da, sortierte seine Radiergummis und kritzelte mit seinem Füllfederhalter herum. Alle anderen Schüler benutzten Bleistifte oder alte Stahlfedern, die man in Tintenfässer eintauchen mußte, was natürlich nie ohne Schmierereien gelang. Ein echter Füllfederhalter hatte etwas Magisches an sich; nicht einmal Matejcik besaß einen. In der Pause mußte Jan immer wieder die Pumptechnik seines Federhalters vorführen, und manchmal durfte sogar einer der größeren Jungen das kostbare Stück für ihn füllen. Jeder kannte Jans Füllfederhalter, und deswegen löste sein plötzlicher Aufschrei »Jemand hat meinen Füllfederhalter gestohlen« an jenem sonnigen Morgen auch eine gewaltige Reaktion aus.

Nicht allein der Inhalt seiner Mitteilung, sondern mehr noch die Art und Weise, wie er sich Gehör verschaffte, waren erstaunlich. Meines Wissens hatte sich Jan noch nie aktiv am Unterricht beteiligt oder sich etwa freiwillig gemeldet. Jetzt hob er plötzlich mitten in einer Grammatikübung, während wir anderen gerade gemeinsam alle Ausnahmen einer bestimmten Regel herunterleierten, seine Hand. Noch bevor der verdutzte Lehrer darauf reagieren konnte, schrie Jan mit hysterisch hoher, das allgemeine Gemurmel übertönender Stimme, seine Anklage in die Runde.

Sofort herrschte Totenstille, und alle starrten gebannt zum Lehrer. Den hatte der Vorfall offensichtlich ganz schön aus der Fassung gebracht; es schien, als suche er krampfhaft nach einer angemessenen Vorgehensweise: sollte er einfach mit der Grammatikübung fortfahren, sollte er Jan wegen der Störung zurechtweisen oder den Unterricht abbrechen und intensiv auf das Problem eingehen? Schließlich forderte er Jan auf, das eben Gesagte zu wiederholen.

»Herr Lehrer, jemand hat meinen Füllfederhalter gestohlen.« Dieses Mal klang seine Stimme gefaßter.

»Bist du sicher, daß du ihn heute dabei hattest?«

»Ja, Herr Lehrer, ich habe ihn immer dabei.«

»Hat heute jemand Jans Federhalter gesehen?«

Bei dieser Frage ging Matejcik langsam zwischen den Bankreihen auf und ab und näherte sich schließlich dem Pult von Jan und mir. Eine Sekunde später stand er dicht vor mir, starrte auf mich herab und wandte sich mit lauter, unheilverkündender Stimme direkt an mich:

»Ich wiederhole: Hat heute jemand Jans Federhalter gesehen?«

Warum starrte Matejcik mich so an? Ich versuchte nachzudenken, konnte mich aber einfach nicht konzentrieren. Hatte ich den Füllfederhalter gesehen oder nicht? Ich war mir einfach nicht mehr sicher. Matejcik baute sich drohend vor mir auf; sein massiger Körper versperrte dem eindringenden Sonnenlicht den Weg und warf einen dunklen Schatten auf mich. In panischer Angst erwartete ich, jeden Augenblick verprügelt zu werden. Warum zögerte Matejcik so lange? Hatte er nicht seit unserer nächtlichen Begegnung vor dem Grand Hotel nur auf eine geeignete Gelegenheit gewartet? Währenddessen ging hinter meinem Rücken irgend etwas Seltsames vor. Ich hörte Geflüster, dem ein Nicken des Lehrers folgte, wie ich an der Bewegung des Schattens über mir ablesen konnte. Dann herrschte wieder gespannte Stille. Schließlich befahl Matejcik:

»Jeder öffnet sofort seine Büchertasche und legt den ganzen Inhalt vor sich auf den Tisch! Ich werde so lange alles durchsuchen, bis ich den Füllfederhalter gefunden habe.« Ich war erleichtert, daß er endlich etwas gesagt hatte, und öffnete sofort meine Tasche.

Jans Vater mußte tatsächlich ein sehr wichtiger Nazi sein,

wenn Matejcik ein solches Theater veranstaltete. Schließlich waren Diebstähle in der Schule an der Tagesordnung, und niemand schien sich je darüber aufzuregen. Also konnte es nur an seinem Vater liegen, außer ...

Plötzlich berührten meine Finger beim Ausräumen der Tasche etwas Unbekanntes, das mich sogleich erstarren ließ: Der Füllfederhalter! Wie war er nur dahingekommen?

Meine Hand schnellte zurück und brachte statt dessen einen weiteren Malstift zum Vorschein. Die ganze Zeit über thronte Matejcik über mir, als wüßte er schon längst Bescheid. Was sollte ich nur tun? Jemand hatte mir eine verhängnisvolle Falle gestellt.

Plötzlich sagte mein Hintermann – derselbe brutale Kerl, den ich flüstern gehört hatte:

»Herr Lehrer, ich glaube, ich habe den Füllfederhalter in der Schultasche von Breznitz gesehen.«

Warum »Breznitz«? Wieso nannte er mich nicht bei meinem Vornamen, Juraj? Was war denn so hassenswert an mir? Ich war Jude, gut, aber war ich deswegen persönlich für Judas' Verrat verantwortlich? Hatte ich etwa Jesus, den Sohn Gottes, getötet? Warum dieser totale und gnadenlose Haß?

»Breznitz!« brüllte Matejcik, »leg sofort deinen ganzen Tascheninhalt auf den Tisch.«

Und so geschah es. Mit lauernden Geieraugen beobachteten alle, wie ich langsam Stück für Stück alles aus meiner Tasche holte, bis nur noch der Füllfederhalter übrig blieb. Matejcik wußte, daß ich ihn hatte, jeder wußte es. Und da ich wußte, daß die Zeit zur Kapitulation gekommen war, angelte ich nach dem verräterischen Stück und legte es mit ungläubiger, aber gleichzeitig trotziger Miene für alle sichtbar auf mein Pult. Da die Tischfläche uneben war, fing der Federhalter zu rollen an. Kurz vor dem Herunterfallen erwischte ich ihn und legte ihn auf seinen alten Platz zurück. Aber er drohte sogleich wieder runterzurollen. Beim dritten Versuch hielt ich ihn einfach fest und hob dann zum ersten Mal meinen Blick.

Mein Lehrer wirkte sehr entspannt, ein Lächeln spielte um seine Lippen. Er schien mit dem Ausgang der Sache äußerst zufrieden zu sein. Gemessenen Schrittes manövrierte er sich durch die Pultreihen nach vorne zu seinem erhöhten Podest. Dort ließ er einen triumphierenden Blick über die Klasse wandern, bevor er sich noch einmal direkt an mich wandte.

»Breznitz, du bleibst nach dem Unterricht hier, ist das klar?« Mein leichtes Kopfnicken schien ihn nicht zu befriedigen. »Ist das klar oder nicht?« brüllte seine mächtige Stimme.

»Ja, Herr Lehrer«, antwortete ich zaghaft, aber für alle deutlich hörbar.

Erst als sich die Aufmerksamkeit vom »Katz-und-Maus-Spiel« endlich wieder auf den Grammatikunterricht verlagerte und ich mich in den Hintergrund zurückziehen konnte und meine Gedanken zu ordnen versuchte, entglitt mir die Kontrolle über die Situation. Während ich vor mich hin ins Nichts starrte, begannen meine Tränen in Strömen zu fließen, und nichts auf der Welt schien sie aufhalten zu können.

Damit war der Höhepunkt der Katastrophe überschritten. Es machte mir schon nichts mehr aus, daß ich meine Finger zu einer »schönen Rose« zusammenlegen mußte, und daß Matejcik dann zuerst auf meine eine und dann auf die andere Hand einschlug, wobei er den Stock lange durch die Luft surren ließ, bevor das Ende auf meine Fingerspitzen niedersauste. Mit wunden Fingern öffnete ich mühevoll meinen Gürtel, ließ die Hose runter und ertrug widerstandslos, wie Matejcik immer und immer wieder mit dem Stock auf mein nacktes Hinterteil einprügelte. Er schien besessen von dieser Bestrafungsaktion, und hätte er sich damit nicht selbst blamiert, ich wette, er hätte mich auch noch beschimpft und mir die schlimmsten Folgen für den Fall angedroht, daß ich es noch einmal wagen sollte, ihn in betrunkenem Zustand zu ertappen. Was mir wirklich Angst einjagte, war seine Ankündigung, mit der Klostervorsteherin über mich sprechen zu wollen. Ich fand es höchst unfair von ihm, die Schwester Oberin ins Spiel zu bringen, obwohl er doch eigentlich wissen mußte, daß man mich hereingelegt hatte und ich völlig unschuldig war. Meine Mutter hätte mir sofort geglaubt, aber bei der Schwester Oberin war ich mir nicht so sicher. Schließlich kannte ich sie kaum. Er spürte wohl, daß es nicht körperlicher Schmerz war, was mich so tief verletzte, und so setzte er mir in aller Ausführlichkeit genüßlich auseinander, wie gut die Schwestern im Waisenhaus für mich sorgten und wie schändlich ich sie betrogen habe. Wie Judas, dachte ich; genau wie Judas.

MATEJCIKS GRAUSAMKEIT war schwerer einzuordnen als die von Hans. Bis heute weiß ich nicht, ob mein Lehrer Teil eines Komplotts gegen mich war, oder ob er nur das Beste aus der sich bietenden Gelegenheit herausholte. Falls letzteres zuträfe, würde ihn das zu einem besseren Menschen machen? Und welche konkrete Erwartung bestand bezüglich meines Verhaltens? Hatte ich genügend Überraschung, Ungläubigkeit, Zerknirschtheit gezeigt? War meine stillschweigende Unterwerfung eine Enttäuschung für die Täter? Hatte ich ihnen den Spaß verdorben?

Geschichte

Zeit erhält zu viel Kredit.
Ivy Compton-Burnett, Dunkelheit und Tag

Die Spielregeln sind in dem Augenblick, wo ich diese Zeilen schreibe, gerade außer Kraft gesetzt worden. Die Regeln besagen, daß man sich nur auf der Basis einer konstant stabilen Gegenwart, die keinen direkten Einfluß auf das Erinnerungsabenteuer ausübt, intensiv mit einschneidenden Ereignissen der Vergangenheit auseinandersetzen kann. Ist diese Voraussetzung nicht gegeben, verliert man sowohl Perspektive als auch Standpunkt aus den Augen, und die Suche nach der Vergangenheit – selbst unter idealen Umständen ein schwieriges Unterfangen – gleitet ins rein Spekulative ab. Mitten im Zentrum dramatischen Geschehens kann man sich nicht auf vergangene Zeiten konzentrieren; ich zumindest kann es nicht. Memoiren setzen einen bestimmten Gemütszustand voraus – eine Art Gleichmut und innerer Ruhe. Die Gegenwart muß »kalt« sein, wenn die einst »heiße«, im Lauf der Jahre abgekühlte Vergangenheit in kontrollierter und reflektierter Form an die Oberfläche gelangen soll. Je mehr Bezugspunkte zwischen gegenwärtigem Drama und wichtigen Erinnerungen existieren, desto stärkere Beeinträchtigung erfährt das Unternehmen Vergangenheitsbewältigung. Genau so funktionieren übrigens frühe Traumata: Gegenwartsrelevante Stimuli verhindern, daß die Vergangenheit ruhen kann, was zur Folge hat, daß an sie geknüpfte starke Emotionen reaktiviert werden. Diese Form des Erinnerns jedoch ist etwas ganz anderes und gehört eigentlich in den Bereich der Psychotherapie.

MEIN KONKRETES PROBLEM ist folgendes: Während ich mich mit dem Schicksal meiner Familie in jenen schwärzesten Tagen europäischer Geschichte beschäftige, brüstet sich Radio Bagdad damit, daß es irakischen Langstreckenraketen gelungen sei, Tel Aviv in ein »Krematorium« zu verwandeln. In der Radiosendung von heute, dem 19. Januar 1991, wurden exakt diese Worte verwendet. Sie hätten auch eine ganz andere Formulierung wählen können, schließlich gibt es genügend Alternativen: Verwüstung, Niederlage, Wüste, Ödland, Zerstörung, Trümmerhaufen, Fall, Vernichtung und sogar Feuer oder Hölle. Mit ihrer, dem unheiligen Wortschatz unserer Kindheit entliehenen, Formulierung zielten sie bewußt darauf ab, die Seelen ihrer Opfer an der verwundbarsten Stelle zu treffen, und das mit einer Präzision, die der von Raketen weit überlegen ist.

Es begann nicht erst heute; bereits seit geraumer Zeit droht Saddam Hussein den wieder an einem Ort versammelten Überlebenden des Holocaust mit *chemischer* Vernichtung. Treffer! Der Mann muß Ahnung von Geschichte haben – zumindest in ihrer primitivsten, elementarsten Form. Und doch werde ich das Gefühl nicht los, daß selbst die schrecklichsten und höchst entwickelten Gasbomben, egal ob Senf- oder Nervengas, es nicht mit dem einzigartigen Zyklon B aufnehmen können.

Während ich versuche, jeden Gedanken an diese neuerliche Bedrohung zu verdrängen, um die alles entscheidende »Perspektive« nicht aus den Augen zu verlieren, stellt sich mir unwillkürlich die Frage, ob Memoiren nicht generell ein

Luxus sind, den man sich bei Anzeichen von Streß nicht leisten sollte.

Andererseits kann ich mich in solchen Zeiten viel besser in die damalige Zwangslage meiner Eltern hineinversetzen und manche, aus der Not geborene Entscheidung eher verstehen.

Zweifellos wußte mein Vater sehr genau, was in Europa vor sich ging. Wenn er am Wochenende bei uns zu Hause in Zilina war, erhielt er regelmäßig Besuch von Freunden, die sich von ihm die Kriegssituation analysieren ließen. Anhand einer riesigen Europakarte erläuterte und kommentierte er dann die jeweils aktuelle Lage. (Diese Karte übte eine magische Anziehungskraft auf mich aus, was sich später auf Landkarten generell übertrug.) Mein Vater galt als sehr gebildeter Mensch, dessen Meinung man schätzte und an den man sich häufig um Rat wandte. Hitlers Eroberungszug und die systematische Judenvernichtung können meinen Vater doch ummöglich von heute auf morgen überrascht haben! Wenn er aber wußte, welches Schicksal uns drohte, warum floh er nicht mit seiner Familie, als es noch möglich war? Nach dem Krieg erzählte mir meine Mutter, daß damals öfter von Auswanderung nach Bolivien die Rede war. Ist es möglich, daß mein Vater, genau wie so viele andere, einfach nicht glauben wollte, daß ein Kulturvolk solch grausame Verbrechen begehen würde? Betrog er sich etwa ständig selbst? Mußte er die bevorstehende Katastrophe leugnen, um wenigstens den Anforderungen des täglichen Lebens weiter gewachsen zu sein? Wo liegen die Grenzen persönlicher Verantwortung? Darf man mit dem Leben der eigenen Familie spielen? Vielleicht war die Denkweise meines Vaters auch zu sehr von analytisch-theoretischen Aspekten geprägt, um persönliche Handlungskonsequenzen zur Folge haben zu können. Und möglicherweise hatte er zuviel Zeit zum Nachdenken. An dem Tag, als meine Schwester und ich ins Waisenhaus kamen, hatte unser Nachbar Zelnik kurz zuvor noch angeboten, uns alle bei sich im Keller in seiner kleinen Schnapsbrennerei zu verstecken. Mit dem Argument, die Deutschen hätten trotz der vor einigen Monaten geglückten Landung der Alliierten in der Normandie noch genügend Kampfreserven für einen langen Krieg, wies Vater das Hilfsangebot zurück. Er glaubte nicht an die Möglichkeit, sich für längere Zeit verstecken zu können. Vielleicht blieb ihm in diesem Augenblick auch zu wenig Zeit zum Nachdenken, oder er wollte unter allen Umständen vermeiden, Zelnik in Lebensgefahr zu bringen. Ich werde niemals erfahren, was genau ihn jene folgenschwere Entscheidung fällen ließ, die unser aller Leben verändern sollte.

Es ist eine verblüffende Beobachtung, daß in lebensentscheidenden Situationen Unbeweglichkeit oder Erhaltung des Status Quo eine solch dominierende Rolle spielen. Ist dies ein Zeichen von Lebensmüdigkeit, oder zeugt es eher von der Fähigkeit, sich selbst unter katastrophalsten Umständen einen Funken Zukunftshoffnung zu bewahren? Diese Zukunft sollte jedoch niemals Wirklichkeit werden, und düstere Vorahnungen lassen sich auch heute nicht vertreiben.

Ich hatte Apuka nie zuvor unentschlossen erlebt; allerdings hatte ich ihn auch niemals glücklich, zuversichtlich, erfreut, verzweifelt oder entschlossen gesehen. Ehrlich gesagt, bekam ich kaum etwas mit von dem, was in ihm vorging.

WAS IST WESENTLICH? Sind die gegenwärtig so folgenschwer erscheinenden Ereignisse in Persischen Golf tatsächlich wichtig? Wie lange? Für wen? Werden Familien, die jetzt von Todesfällen betroffen sind, die Erinnerung daran länger als zwei Generationen bewahren? Vielleicht wenigstens drei? Ich habe so gut wie keine Erinnerung an meine Großeltern. Da sie umgebracht wurden, bevor ich sie näher kennenlernen konnte, habe ich nur eine vage Vorstellung von ihnen: traurige Unbekannte auf einem verblaßten Familienphoto. Für meine Kinder spielt das persönliche Schicksal meiner Großeltern überhaupt keine Rolle. Sie können höchstens bis zu dem meiner Eltern zurückgehen. Was also ist wesentlich? Hat meine Geschichte irgendeine Relevanz? Sind genügend Fäden von globaler Qualität in jenen Teppich entfernter Zeiten und Orte geknüpft? Ist es gerecht, die Antwort auf die Frage nach dem Wesentlichen dem Urteil der Zeit zu überlassen?

Der Geruch aus Zelniks Destillerie erfüllte unseren nebenan gelegenen Kohlenkeller. Ich mochte diesen Geruch so sehr, daß ich mit der Zeit sogar die Angst vor dem dunklen Keller verlor. Was für ein tolles Gefühl hätte es sein müssen, sich inmitten solch betörender Düfte zu verstecken. Ich stellte mir oft vor, wie glücklich wir vier in jenen erzwungenermaßen langen Tagen und Nächten hätten gewesen sein können. Durch die Lektüre von Anne Franks Tagebuch wurden dergleichen Wunschbilder später allerdings gnadenlos zerstört.

Ungefähr zwei oder drei Monate nach unserer Aufnahme ins Waisenhaus kam uns Zelnik einmal besuchen und brachte Judith und mir eine Büchse Ölsardinen mit. Ich war so froh, meine Schwester wiederzusehen, daß ich ihn gar nicht richtig wahrnahm. Wir standen schweigend um einen großen Stein herum, auf dem wir die Sardinenbüchse abgestellt hatten, und genossen den Wohlgeschmack der Außenwelt. Möglicherweise stellte Judith ein paar Fragen nach unseren Eltern, sicher bin ich mir diesbezüglich aber nicht. Jedenfalls waren wir sehr dankbar für den Besuch, wenn es auch der einzige blieb.

Zelnik war ein einfacher Mann. Warum bot er uns Asyl, obwohl er doch wissen mußte, in welch tödliche Gefahr er sich und seine Familie dadurch brachte? War es ein heroischer Akt inmitten verrohter Normen menschlichen Verhaltens oder (welch abscheulicher Gedanke!) eine angesichts des allgemeinen Wertverlusts unverantwortliche, egoistische Geste des Aufbäumens. Was geschieht, wenn die Umstände einen Menschen dazu zwingen, seine Rolle als Randfigur aufzugeben, und er sich plötzlich mitten auf der Bühne wiederfindet, dort, wo sich das Drama des Lebens abspielt?

Weihnachten

> Der Zauber der Musik vermag ein aufgewühltes Herz zu besänftigen.
>
> *William W. Congreve, Die trauernde Braut*

Dank der sorgfältigen Vorbereitung schien meiner Eignung zum Katholizismus nichts im Wege zu stehen. Seit unserer Ankunft in Vrbove hatten Judith und ich privaten Katechismusunterricht erhalten. In den beiden Jahren nach unserer wundersamen Entlassung aus dem Lager hatten unsere Eltern dann noch größeren Wert auf regelmäßigen katholischen Religionsunterricht gelegt. Ich erinnere mich noch deutlich an meinen Lehrer, einen Franziskanermönch in brauner Kutte und mit ganz seltsamer Haartracht: Seinen glattrasierten Schädel umrahmte ein ordentlich gekämmter Haarkranz, der aussah wie ein Heiligenschein. Der Mönch war zunächst entsetzt über meine Unwissenheit, als sich aber herausstellte, daß der scheinbar hoffnungslose Fall bei entsprechender Unterweisung noch zu retten war, stürzte er sich mit großer Begeisterung auf seine Aufgabe.

Der Unterricht fand in einem schlecht beleuchteten, überheizten Raum statt. Es war zwar ein angenehmes Gefühl, nach dem Marsch durch Kälte und Schnee in die Wärme zu kommen, spätestens nach der Hälfte der Stunde begann die Hitze jedoch erdrückend zu wirken.

Am Anfang bestand der Mönch darauf, daß wir alle vier zu ihm kamen, aber nach ein, zwei Lehrstunden im Familienkreis ließ er es dabei bewenden, Judith und mir Einzelunterricht zu erteilen.

Anyuka erklärte uns, daß wir uns nach erfolgreichem Abschluß unserer Studien taufen lassen und offiziell zum Christentum konvertieren dürften. Wenn wir erst mal keine Juden mehr seien, drohe uns auch keine Gefahr mehr. Diese Worte waren Ansporn genug, um uns den Unterricht sehr ernst nehmen zu lassen. Mein außergewöhnlich gutes Gedächtnis war mir eine große Hilfe beim Lernen, und schon bald konnte ich alle wichtigen Gebete und sogar einige Abschnitte des Neuen Testaments auswendig aufsagen. Damals konnte ich natürlich nicht einmal ahnen, daß mein gutes Gedächtnis mich schon bald vor dem fast sicheren Tod bewahren würde.

Für unser erstes Weihnachtsfest kaufte Apuka einen Baum, den er mit bunten Lichtern schmückte. Wir wohnten in der Stadtmitte, direkt gegenüber der Kirche und dem Pfarrhaus. Von unserer Wohnung im zweiten Stock konnten wir den riesigen städtischen Weihnachtsbaum sehen. Jeden Nachmittag wartete ich in der Dämmerung gespannt auf den Augenblick, wenn der Baum im Lichterglanz erstrahlte.

Apuka versprach, daß der Weihnachtsmann uns besuchen würde, und wir hängten unsere Socken ans Fenster, um ihm die Arbeit zu erleichtern. Ich erinnere mich, daß ich mitten in der Nacht von Schritten wach wurde und sah, wie Apuka auf Zehenspitzen zum Fenster schlich und in rotes Glanzpapier gewickelte Süßigkeiten in die Socken stopfte. Ich verriet niemandem etwas davon und tat am nächsten Morgen völlig überrascht.

Ich denke gerne an unser erstes Weihnachtsfest in Zilina zurück. Wir bekamen viele wunderschön verpackte Geschenke. Überall waren Lichter. Sie erinnerten mich an das Chanukkafest von vor zwei Jahren, das wir in der Synagoge von Piestany gefeiert hatten. Apuka hatte eine kleine blauweiße Fahne mit einem Davidsstern angefertigt, mit der ich, zusammen mit den anderen Jungs, durch dic Synagoge marschierte. Als von der Frauenempore Bonbons heruntergeworfen wurden, stürzten wir uns alle gleichzeitig darauf, um so viele wie möglich zu ergattern. Die Erinnerung daran erfüllte mich mit Freude und Wärme.

Meine Eltern gaben sich viel Mühe, Judith und mir ein gelungenes erstes Weihnachtsfest zu bereiten. Als sie nicht mehr da waren, gingen meine Gedanken anfangs häufig zu jenem wunderschönen Tag zurück. Weil ich aber jedes Mal ganz traurig davon wurde, gewöhnte ich es mir allmählich ab, zu oft an die guten Zeiten zu denken. Dennoch gelang es jenen Bildern von Zeit zu Zeit, gegen meinen Willen in mein Bewußtsein vorzudringen.

Ein Weihnachtsfest allerdings hinterließ einen so nachhaltigen Eindruck bei mir, daß weder Willensakte noch der Lauf der Zeit die Erinnerung daran auszulöschen vermochten: Weihnachten 1944 im Waisenhaus.

Fast vier Monate waren seit dem Erdbeben vergangen. Meine Schwester Judith sah ich kaum noch. Da die Jungen und Mädchen im Waisenhaus darauf vorbereitet wurden, eines Tages Mönche und Nonnen zu werden, war jeglicher Kontakt zwischen den Geschlechtern strengstens verboten. Und obwohl Judith doch meine Schwester war, durfte ich sie nur selten sehen. Sie war eine umwerfende Schönheit, und ein älterer, kräftiger Junge namens Fero war schrecklich verliebt in sie. Er gab mir jedesmal eine Nachricht für sie mit und bat mich, ihm ihre Antwort zu übermitteln. Als Gegenleistung schützte er mich so gut wie möglich vor dem Rest der Bande.

Schon der Tagesbeginn verhieß etwas Besonderes; Schwester C.s übliche Weckzeremonie klang heute etwas gutmütiger. Sie sprach ihr allmorgendliches Gebet (»Lang lebe unser Herr Jesus«) in viel ruhigerem Ton als sonst, und unsere verschlafene Antwort (»In Ewigkeit, Amen«) paßte sich dem mühelos an. Während der Morgenandacht sahen wir, daß die Kapelle bereits mit frischen Tannenzweigen und Hunderten von Kerzen für die Mitternachtsmesse geschmückt war. Selbst die ewige Kümmelsuppe, unsere tägliche Hauptmahlzeit, schien an diesem Morgen besonders heiß und dick zu sein, und es gab sogar frisches Brot. Als man uns beim Frühstück dann noch versprach, Jungen und Mädchen dürften das Festessen am Abend gemeinsam einnehmen, kannte die Begeisterung keine Grenzen mehr. Wir hatten schulfrei, und so herrschte den ganzen Tag über ein geschäftiges Treiben im Waisenhaus: es wurde geputzt, gebadet, und alle probierten die neuen weißen Hemden an, die wir extra für diesen Tag bekommen hatten. Ich freute mich schon darauf, endlich etwas länger mit meiner Schwester zusammensein zu können, selbst wenn keine Chance bestand, sie alleine zu treffen.

Im ganzen Haus duftete es nach frischem Gebäck, und ich hoffte inständig, daß wenigstens ein Teil davon auf unserem Tisch landen würde. Jener Geruch, der aus einer längst vergangenen Zeit zu kommen schien, hatte etwas Verheißungsvolles an sich; genauso wie der frisch gefallene Schnee draußen. Es würde also weiße Weihnachten geben, und das würde die zur Mitternachtsmesse versammelte Gemeinde in um so feierlichere Stimmung versetzen. Vielleicht erhielten wir sogar die Erlaubnis, nach der Messe ein paar Minuten am Glück der Menschen vor der Kapelle teilzuhaben. Die Vorfreude auf den Abend schien sich positiv auf unser Verhalten auszuwirken, denn für kurze Zeit ruhten all die Streitereien und Kämpfe, die sonst unser tägliches Leben regierten. Wir bekamen eine extra Ration Kohle geliefert und durften alle Räume des Waisenhauses heizen. Und als der Abend näher rückte, breitete sich ein Gefühl der Zugehörigkeit wie eine wärmende Decke über mich aus und ließ mich zum ersten Mal seit meiner Ankunft Trost und Behaglichkeit finden.

Das Abendessen wurde nicht im normalen Speisesaal, sondern in einem kleineren, hell erleuchteten Zimmer serviert. Ein großer Weihnachtsbaum schmückte den Raum, und wir durften zu beiden Seiten einer langen, festlich gedeckten Tafel Platz nehmen. Ich konnte Judith am entgegengesetzten Ende des Tisches unter all den anderen Mädchen zwar sehen, aber keinen direkten Kontakt mit ihr aufnehmen, da die Nonnen als eine Art Trennlinie zwischen Jungs und Mädchen saßen.

Neben dem Teller lag ein frisches Brötchen, das während des Betens meine Blicke magisch auf sich zog. Die Brötchen waren gut durchgebacken, was man an der dunklen, an mehreren Stellen gebrochenen Kruste erkennen konnte. Ich malte mir in allen Einzelheiten aus, wie ich das begehrte Stück in die Hand nehmen, zusammendrücken und die Kruste abbrechen würde. Brötchen waren nicht einfach Brot; Brötchen bedeuteten Familie und Sicherheit, die Eckpfeiler der Normalität.

Wir sangen Weihnachtslieder. Sie klangen irgendwie unwirklich; ihre einfachen, freundlichen Melodien paßten so gar nicht zu dem brutalen Krieg, der nun schon seit sechs Weihnachten in Europa wütete. Die Geburt des heiligen Kindes in Bethlehem, der Stern, der den Weg zur Krippe weist, die Wärme des kleinen, einfachen Stalles, die Nähe der Tiere (besonders der Lämmer, die in fast jedem Lied vorkamen) – das alles klang so wunderbar verheißungsvoll. Ich mochte diese Lieder sehr, und ich sang gerne. Matejcik hatte mir einmal gesagt, ich hätte eine schöne Stimme, und es kam häufig vor – besonders in der Kapelle –, daß ich mich selbst zu laut singen hörte. Manchmal legte ich auch extra eine individuelle Betonung auf eine Note, um meine Stimme aus der Masse herauszuhören.

Nachdem der Gesang beendet war, durften wir endlich mit dem Essen beginnen. Mein Brötchen brach an einer ganz unerwarteten Stelle auseinander, und die Kruste fiel in lauter Krümeln auf meinen Teller. Mit feuchten Fingern pickte ich sie alle fein säuberlich auf. Das Essen schmeckte köstlich, und es war genug für alle da. Also gab es endlich einmal keinen Grund, alles so schnell wie möglich herunterzuschlingen, um nicht zu kurz zu kommen. In der Kartoffelsuppe war genau die richtige Menge Kümmel, wie zum Würzen nötig, aber zum Glück nicht so viel, um sie wie den üblichen Frühstücksfraß schmecken zu lassen. Aus purer Gewohnheit schlang ich die Suppe viel zu schnell runter und verbrannte mir dabei die Zunge. Ich war ganz verzweifelt, weil ich fürchtete, meinen Geschmackssinn verloren zu haben. Aber glücklicherweise ließ sich das Problem mit einem Schluck Wasser beheben, und als das Fleisch (*Fleisch*!) aufgetischt wurde, war ich schon wieder völlig in Ordnung. Das angenehme Gefühl, etwas Warmes im Magen zu haben, löste unsere Zungen, und obwohl es normalerweise verboten war, während der Mahlzeiten zu sprechen, begannen überall am Tisch angeregte Unterhaltungen. Zu meiner Überraschung ließen uns die Nonnen gewähren, selbst Schwester C. schien ihre Freude an dem Fest zu haben. Judith und ich lächelten einander zu, aber der Abstand zwischen uns war zu groß, um miteinander sprechen zu können.

Ich hoffte, daß wir nach dem Essen unsere Chance bekommen würden. Judith sah blaß aus. Sie trug ihr kurz geschnittenes Haar an der Seite gescheitelt. Natürlich war sie das hübscheste Mädchen im Waisenhaus, und ich war mächtig stolz auf sie. Andererseits verwirrte mich ihre Anwesenheit auch wieder. In dieser neuen, christlichen Welt verkörperte sie das Bindeglied zur alten, verlorenen Welt und erinnerte mich schmerzlich daran, daß ich weder zur einen noch zur anderen gehörte.

Als der Tisch abgeräumt war, warteten wir gespannt auf den Kuchen oder die Plätzchen, oder was auch immer es war, dessen Duft uns den ganzen Tag über verrückt gemacht hatte.

Plötzlich öffnete sich die Tür, und herein kam die Schwester Oberin in Begleitung eines deutschen Offiziers. Mir blieb fast das Herz stehen. Beide lächelten. Der Offizier trug ein großes Paket unterm Arm, das in das gleiche rote Glanzpapier gewickelt war, das man jetzt überall in der Stadt sah und mit dem auch Apuka als Weihnachtsmann seine Geschenke verpackt hatte. Seiner Uniform nach mußte der deutsche Offizier ein General sein. Die Schwester Oberin geleitete ihn zum Weihnachtsbaum.

»Kinder, der Kommandant der deutschen Garnison in Zilina ist gläubiger Katholik und hat den Wunsch geäußert, den heutigen Abend bei euch verbringen zu dürfen. Er hat euch auch ein schönes Geschenk mitgebracht.«

Noch völlig verwirrt von der unerwarteten Wendung der Dinge sah ich ihm dabei zu, wie er das Paket auswickelte und einen riesigen Kuchen zum Vorschein brachte. Auf das kollektive »Oooh« beim Anblick des mit Schokoladenguß überzogenen Kuchens reagierte der Offizier mit einem zufriedenen Lachen.

»Bitte, Herr Kommandant, nehmen Sie Platz.« Die Schwester Oberin stellte zwei Stühle vor den Weihnachtsbaum, so daß man von dort den ganzen Raum überblicken konnte, und beide setzten sich. Eine der Schwestern schnitt den Kuchen an, wobei wir die Füllung am Messer kleben sehen konnten. Dann öffnete sich die Tür, und zwei weitere Kuchen – hauseigene ohne Füllung zwar, dafür aber mit dem herrlichen Duft von Frischgebackenem –, wurden Wirklichkeit. Welch ein Glück! Jetzt war richtig Weihnachten!

Für mich allerdings kam der Kuchen zu spät; er konnte das bedrückende Gefühl, das mich beim Eintreten des Herrn Kommandanten befallen hatte, nicht verscheuchen. Mußten mir die Deutschen denn selbst diesen Abend auf meiner kleinen, brüchigen Insel des Friedens verderben? War mein Leben für alle Ewigkeit schicksalhaft an sie gebunden? Ich hatte mich doch so wohl gefühlt heute abend; ich hatte große Pläne, wie ich mich Judith nähern könnte. Während ich sie beim Kuchenessen beobachtete, fiel mir ihre große Anspannung auf. In ihren Augen lag tiefe Besorgnis über die Anwesenheit des hohen Offiziers. Ja, in Gedanken waren wir vereint.

Als der Kuchen aufgegessen war, folgte ein Gebet, dann wurde wieder gesungen. Wir kannten nicht so viele Weihnachtslieder, deshalb sangen wir manche jetzt zum zweiten Mal. Eine der Schwestern stimmte immer ein Lied an, und wir schlossen uns ihr einfach an. Es schien, als habe sich der Kommandant die Lieder gewünscht, und wir mußten demütig gehorchen. Wie er sich so in seinem Stuhl zurücklehnte, wirkte er entspannt und gut gelaunt. Vielleicht drohte ja doch keine Gefahr von ihm. Jemand begann »Stille Nacht« zu singen, und sogleich zog uns die Schönheit der ruhigen, an ein Gebet erinnernden Melodie in ihren Bann. Danach herrschte Stille. Es ist nicht leicht, nach diesem Lied mit irgendeinem anderen fortzufahren.

Der Kommandant beugte sich zur Schwester Oberin und flüsterte ihr etwas ins Ohr. Nach kurzem Zögern fragte sie, ob jemand »Stille Nacht« auf deutsch singen könne. Es würde unseren erlesenen Gast mit großer Freude erfüllen. Mein Herz schlug schneller: natürlich kannte ich den deutschen Text, ich hatte ihn von Anyuka gelernt. Wie das zu jener Zeit in vielen jüdischen Familien in der Tschechoslowakei üblich war, sprachen auch Apuka und Anyuka hin und wieder Deutsch, wenn sie von andern nicht verstanden werden wollten oder deutsche Gäste hatten. Judith und ich hatten zu Hause viele deutsche Wörter aufgeschnappt und verstanden die Sprache ganz gut. Ich denke, wir kannten die deutsche Version von »Stille Nacht« früher als die slowakische. Gesungen aber hatte ich sie nur zu Hause, im Kreis der Familie. Sollte ich sie jetzt etwa für den Kommandanten der deutschen Garnison singen?

Ich sah, wie Judith aufstand und sich langsam dem Feind näherte. Die Entscheidung lag nicht mehr in meiner Hand; also ging ich nach vorn und leistete meiner Schwester Gesellschaft. Während wir unbeholfen vor den an der korrekt gebügelten grauen Uniform hängenden Orden herumstanden, faßten wir uns an den Händen und waren endlich zusammen. Es hatte einer Intervention von außen bedurft, um den wohl gehüteten Abstand zwischen den beiden Tischenden zu überbrücken. Meine Schwester schaute mich an und zählte bis drei, damit wir gleichzeitig anfingen.

»Stille Nacht, heilige Nacht ...«

Während wir weitersangen, erfüllte sich das Gesicht über den Orden, ganz versunken in unsere Darbietung, mit Leben. Ich vernahm deutlich einen tiefen Seufzer. Die Lippen begannen sich zu den Worten des Liedes zu bewegen, ich wartete darauf, daß seine Stimme einsetzte, aber das geschah nicht. Wir näherten uns der schönsten Zeile: »Schlaf in himmlischer Ruh!« Bei dieser letzten Phrase stieg die Melodie in immer höhere Töne, und als wir gerade zur Wiederholung der Zeile mit dann tiefer Schlußnote ansetzten, rang Judith plötzlich nach Luft und hörte abrupt auf zu singen. Sie weinte nicht; in ihren weit aufgerissenen Augen lag ein Ausdruck blanken Entsetzens. Sie konnte vor Angst nicht mehr weitersingen.

Während des ganzen Liedes war mir, als hörte ich Mutters Stimme im Hintergrund, und ich wette, meiner Schwester erging es ebenso. Wäre sie in einem Anfall von Traurigkeit zusammengebrochen, hätte auch ich mich nicht mehr beherrschen können. Es hatten sich so viele Gefühle in meiner Brust und Kehle angestaut, daß ein Ausbruch kurz bevor stand. An der Stelle, an der Judith das Lied abbrach, war ein Zwischenfall vorhersehbar; die Melodie forderte ihn geradezu heraus. Aber warum diese Furcht, dieser Ausdruck absoluten Schreckens in ihrem Gesicht? Welcher entsetzliche Gedanke war ihr durch den Kopf geschossen?

In der durch die unerwartete Pause entstandenen Stille durchzuckte es mich plötzlich wie ein Blitz: Wieso sollten wir beide als einzige die deutsche Version dieses Liedes kennen? Wo waren die anderen? Es gab keine anderen, weil in diesem Land nur Juden (*Juden*!) Deutsch verstanden. Der Mann über den Orden mußte das auch gewußt haben; schließlich hatte er uns in die Falle gelockt.

Ein tiefer Seufzer hob die Orden an, und zwei Hände forderten uns auf, näher zu kommen. Verraten! Verraten! In der Hoffnung, daß die Schwester Oberin vor dem nächsten Akt auf der Szene erscheinen würde, bewegten wir uns langsam vorwärts. Würde sie uns retten, nachdem wir uns selbst verraten hatten? Konnte sie uns überhaupt vor dem Herrn Kommandanten persönlich schützen? Die Lücke schloß sich allmählich, gleich würden uns die immer noch einladend ausgestreckten Hände berühren. Ich sah keine Möglichkeit, einen Kontakt mit ihnen zu vermeiden. Im letzten Augenblick konzentrierten sich beide Hände auf meine Schwester. Er streichelte ihren Kopf, in seinen jetzt weichen Augen war die Spur einer Träne zu sehen.

»Hab keine Angst, deine Mutter und dein Vater werden zurückkommen.«

Diese Botschaft, und obendrein noch die zärtliche Art, in der sie uns mitgeteilt wurde, das war zu viel für uns; wir konnten unser Schluchzen nicht länger unterdrücken. Während der Kommandant Judiths Haar und Stirn streichelte, begann sie, mich zu trösten. Die Schwester Oberin versuchte, sich anzuschließen, als ihr aber klar wurde, daß alle Schlüsselstellen schon besetzt waren, zog sie sich zurück und setzte sich wieder hin. Dies fand zwar hinter meinem Rücken statt, aber in der Stille des Augenblicks erzählte mir das Rascheln ihrer Tracht alles.

Furcht und Trauer passen nicht gut zusammen, und was uns eigentlich Trost hätte spenden sollen, machte uns statt dessen auf die beängstigende Tatsache aufmerksam, daß der Kommandant der deutschen Garnison wußte, daß wir Juden waren. Absolute Verwundbarkeit! Heute abend hatte uns sein durch die Melodie des unvollendeten Liedes ausgelöstes Heimweh beschützt. Aber was würde morgen früh passieren? Welche Kräfte würden die Oberhand gewinnen, wenn der Zauber der Musik erloschen war? Für uns hatte sich plötzlich alles verändert, und wir konnten nichts weiter tun, als auf die Fortsetzung der Geschichte vom Heiligen Abend zu warten.

Dreißig Jahre lang war mein Bild von Weihnachten ganz von jenem Ereignis geprägt. In meiner Ignoranz nahm ich an, daß das Szenario für immer aus einer Komposition der folgenden Elemente bestünde: dem Waisenhaus, den angenehmen Gerüchen, meiner Schwester, dem deutschen Offizier, seinem

Kuchen, dem Weihnachtslied und der daraus folgenden Mischung aus Furcht und Verwunderung.

Genau dreißig Jahre danach jedoch mußten Judith und ich am Weihnachtsabend plötzlich unsere Mutter ins Krankenhaus bringen, wo sie nur vier Wochen später starb. Seit diesem Tag haben Erinnerungen an ihren aussichtslosen und doch so würdevollen Kampf gegen den Krebs mein früheres Weihnachtsbild abgelöst. Gelegentlich kommt allerdings auch das alte noch zum Vorschein und läßt ein ganz seltsames Durcheinander entstehen.

Die Prüfung

Abendländische Legenden werden wahr.
Wenn, dann nur hier.
Milton, Das verlorene Paradies

Neben den üblichen Gebeten, dem Dominus Vobiscum, dem Pater Noster, dem Kyrie, dem Agnus Dei und dem Credo, gab es noch die endlosen Litaneien. Die Schwestern lasen die Gebete gewöhnlich laut in lateinischer Sprache und gingen dabei in den langen Wandelgängen, in der Kapelle oder, bei schönem Wetter, im Klosterhof auf und ab. Sie liefen fast immer beim Beten, als wollten sie damit eine im wesentlichen automatische Handlung auf ein höheres Niveau heben. Keine der Nonnen, abgesehen von der Schwester Oberin vielleicht, verstand offensichtlich Latein. Ein charakteristisches Merkmal der Litaneien – wie auch der Psalmen – sind ständige Wortwiederholungen. Ich kann mich noch heute, nach fünfzig Jahren, an den Klang meines Lieblingspsalms, des Miserere, erinnern.

Mir gefiel Latein. Der monotone Klang übte eine beruhigende Wirkung auf mich aus. Die Suffixe vollbrachten dieses Kunststück:jene »saecula saeculorums« suggerierten ein Ordnungsschema, das ein Gefühl des Wohlbehagens heraufbeschwor. Auf der Tatsache, daß ich jeden Tag viele Stunden lang diesen langatmigen Gebeten ausgesetzt war, basiert eine Geschichte, die ich noch immer faszinierend und unglaublich finde.

Photographisches Gedächtnis bezeichnet eine Begabung, die in ihrer extremen Form nur äußerst selten anzutreffen ist. Manchen Individuen genügt ein einziger Blick, um ein Objekt später aus dem Gedächtnis so detailgetreu zu beschreiben, als stünde ihnen das Original vor Augen. Die reduzierte Version dieser Fähigkeit in Form eines außergewöhnlich guten Gedächtnisses kommt weitaus häufiger vor. Als Kind war ich in der glücklichen Lage, ein audiovisuell hervorragend ausgeprägtes Erinnerungsvermögen zu besitzen. Während mir der optische Teil dieser Begabung zu frühem und schnellem Lesenlernen verhalf und sicher auch mein Schachspiel förderte, rettete mir vermutlich der akustische das Leben.

Mein mit der Zeit ständig nachlassendes Gedächtnis läßt mich auf die im folgenden geschilderten Ereignisse inzwischen mit ungläubigem Staunen zurückschauen. Was mir als Kind ganz natürlich und ohne jede Anstrengung gelang, erscheint mir heute fast als Wunder. Die Skepsis meiner eigenen Rolle gegenüber wird allerdings durch Inhalt und Folgen der Geschichte mehr als aufgewogen.

Ich bin mir nicht sicher, wer entdeckte, daß ich einige der langen Litaneien auswendig kannte. Möglicherweise war es Schwester C., obwohl ich bezweifle, daß sie so schnell darauf reagiert und sofort die Schwester Oberin informiert hätte. Eigentlich konnte es aber nur sie gewesen sein. Niemand sonst hatte einen so direkten Zugang zu den letzten uns verbliebenen Schlupfwinkeln des Privatlebens. Meine Zweifel bezüglich ihrer Rolle basierten auf meinen ihr gegenüber stets ambivalenten Gefühlen. Von Anfang an ließ sie keine Gelegenheit aus, mir das Leben im Waisenhaus so sauer wie möglich zu machen, ohne dabei jemals beweisbar die Grenzen ihrer Autorität und scheinbaren Unvoreingenommenheit zu überschreiten. Dennoch war ich, genau wie alle andern, ständig bestrebt, ihr den Hof zu machen – ob aus Höflichkeit oder aus totaler Abhängigkeit von ihr sei dahingestellt. Zu viel stand auf dem Spiel; unser Schicksal lag in Schwester C.s Händen.

Was den Fall noch komplizierter macht, ist die nicht zu leugnende Tatsache, daß sich ihr Verhalten mir gegenüber vom Zeitpunkt jener Entdeckung an entscheidend veränderte, und ich diesbezüglich nicht zwischen Ursache und Wirkung zu unterscheiden vermag. War sie diejenige, die meine Begabung entdeckte? Oder zog sie lediglich ihre Konsequenzen aus meinem neu gewonnenen Status innerhalb der kleinen, von der Außenwelt hermetisch abgeriegelten Klostergemeinschaft?

Wer auch immer die Schwester Oberin auf meine seltsame Begabung, lange Gebete aus dem Gedächtnis zu wiederholen, aufmerksam machte – es könnte ebensogut einer der Jungs gewesen sein, der mich bei meinen Selbstgesprächen in Latein belauscht hatte –, der brachte eine Lawine ins Rollen, die sich so schnell nicht wieder stoppen ließ.

Es ist verblüffend zu beobachten, wie ein minimaler Anstoß von außen den innersten Lebenskreislauf durchbrechen und ein Leben aus seiner gewohnten Bahn werfen kann.

Ich fand mich plötzlich in den Gemächern der Schwester Oberin wieder: Hier hatte mein Vater also diskret über unsere Aufnahme ins Waisenhaus verhandelt. Die Räume lagen direkt an dem langen Korridor, der zum Klosterhof führte. Ich war noch niemals dort gewesen und fragte mich, warum die Verhandlungen im Gang statt drinnen im Zimmer abgeschlossen worden waren. Waren meine Eltern vielleicht schon mit der Schwester Oberin auf dem Weg nach draußen gewesen, als ihnen etwas so Wichtiges einfiel, daß sie noch einmal stehen blieben? Oder hatte die Schwester Oberin in jenem Augenblick die Frage gestellt, was mit uns geschehen solle, falls die Eltern nicht zurückkehrten oder die Deutschen entgegen aller Voraussagen den Krieg gewannen? Möglicherweise hatte Apuka auch plötzlich daran gedacht, zusätzliche Geldquellen zur zukünftigen Unterstützung des Waisenhauses zu erwähnen. Oder Anyuka hatte die Schwester Oberin gebeten, sich persönlich um Judith zu kümmern, wenn sie demnächst ihre erste Menstruation bekäme (die Jungs sprachen abends oft über dieses Thema). Vielleicht war es auch darum gegangen, daß die Schärfe meiner Brillengläser alle paar Jahre an meine Augen angepaßt werden mußte.

Es brannte kein Licht im Zimmer, und die Einrichtung zeugte von strenger Kargheit. Die Schwester Oberin saß hinter einem schweren alten Schreibtisch gegenüber der Eingangstür. Über ihr hing, fast verdeckt von den riesigen Flügeln ihres Schleiers, ein winziges, hölzernes Kruzifix. Es war viel kleiner als all die andern im Kloster. Links zierte ein Bild der Muttergottes mit dem Kind als einziger Schmuck die ansonsten kahle Wand. Auf der rechten Seite stand ein mit Büchern vollgestopftes Regal.

Mit einem freundlichen Lächeln ermunterte mich die Schwester Oberin, auf dem freien Stuhl neben der aus unerfindlichen Gründen ebenfalls lächelnden Schwester C. Platz zu nehmen. Beim Eintreten hatte letztere kurz meine Hand ergriffen, als wollte sie damit ihr starkes persönliches Interesse an der Sache bekunden. Wegen der überlangen Ärmel war es unmöglich, ihr die Hand zu geben, ohne dabei gleichzeitig ihre Tracht zu berühren. Der steif gestärkte Stoff fühlte sich hart an.

»Ich habe gehört, daß du ein sehr gutes Gedächtnis hast. Stimmt das?«

Bis zu diesem Augenblick hatte ich keine Ahnung gehabt, warum mich die Schwester Oberin zu sich bestellt hatte. Ich war hin- und hergerissen zwischen der Hoffnung auf gute Nachrichten und der Befürchtung des Schlimmsten. Es war der Winter Anfang 1945, und noch immer zeichnete sich kein Ende des Krieges ab. Täglich konnte man Massen von deutschen Soldaten auf dem Weg zur russischen Front durch die Stadt marschieren sehen. Überall sprach man von der russischen Front, in der Annahme, daß dort die endgültige Entscheidung über Sieg oder Niederlage fallen würde. Ich fragte oft nach ihrer genauen Lage, aber niemand konnte mir eine befriedigende Auskunft erteilen. Meiner Vermutung nach war sie sehr weit weg, vielleicht sogar mitten in Rußland selbst.

Als mich Schwester C. vom Küchendienst wegholte, kreisten meine ersten Gedanken darum, ob ich vielleicht etwas falsch gemacht hatte oder ob mich wieder einer der Jungs als Sündenbock vorgeschoben hatte, um seinen Schlamassel nicht selbst ausbaden zu müssen; ein für mich inzwischen schon alltägliches Vorkommnis. Ich wusch mir schnell den Dreck der gefrorenen, fast unschälbaren Kartoffeln von den Fingern und ergab mich in das mir bevorstehende Schicksal. Beunruhigend war nur, daß ich noch nie, nicht einmal als Hans die gemeine Lüge verbreitet hatte, ich mache mich über die Religion lustig, vor die Schwester Oberin zitiert worden war. Schwester C. kam mit ihren disziplinarischen Maßnahmen in der Regel ganz gut alleine klar. Es mußte sich also in diesem Fall um etwas anderes handeln.

Was sollte die Frage nach meinem guten Gedächtnis? In meiner Verlegenheit starrte ich auf meine Hände mit dem hartnäckigen Kartoffelschmutz unter den Fingernägeln und wußte nicht, was ich sagen sollte.

»Hab keine Angst, Juri.« (Oh, die weiche Version meines

Namens – es war lange her, seit ich sie zuletzt gehört hatte.) »Ich werde nicht mit dir schimpfen.« Und nach einer Pause: »Sieh mich an, Juri.«

Zögernd hob ich meinen Blick und sah in ihre freundlichen Augen. Sie lächelte immer noch, und als sie aufmunternd nickte, wurde das Kruzifix hinter ihr kurz sichtbar, nur um gleich darauf wieder hinter all dem Weiß über ihren Augen zu verschwinden.

»Stimmt es, daß du einige der Litaneien auswendig kannst?« Darum ging es also. Eine schwere Last fiel von meinen Schultern und machte einem angenehmen Gefühl der Dankbarkeit Platz. Ja, sie war genau so, wie ich sie mir vorgestellt hatte: eine gütige alte Frau, eine vorbildliche Nonne, eine wahre Christin.

»Ja, Schwester«, antwortete ich mutig, »ich habe ein paar von ihnen im Kopf«

Kaum waren diese Worte meinen Lippen entwichen, machte ich mir auch schon Gedanken, ob ich nichts Falsches gesagt hatte. War es korrekt, sie einfach »Schwester« zu nennen. Hätte ich sie mit »Schwester Oberin« ansprechen müssen? War sie jetzt beleidigt?

Sie öffnete ein Buch und begann, eine Litanei vorzulesen. Nach ein paar Zeilen fragte sie:

»Kennst du die?«

»Ja, Schwester.«

»Kannst du mir sagen, wie sie weitergeht?«

Aus den tiefsten Schlupfwinkeln meines Gedächtnisses ergoß sich eine Flut von Wörtern einer Sprache, die ich nicht verstand. Es war die Sprache meines neu angenommenen Glaubens. Die Worte sprudelten fließend, ermutigt vom Klang jeder gelungenen Zeile und vom wundervollen Lächeln dieser Frau, die so anders und meiner geliebten Mutter doch so ähnlich war.

Von Gefühlen überwältigt, brach ich plötzlich mitten in der Litanei in Schluchzen aus. Mein Tränenprisma ließ mich nicht ein Kruzifix, sondern mehrere hinter vielen Köpfen der Schwester Oberin sehen. Sie schienen zu tanzen, ohne je wieder damit aufhören zu wollen. Dann streckten sich mir viele Hände entgegen und landeten schließlich auf meinem Kopf. Dort vereinigten sie sich zu einer einzigartigen Berührung. Ich schloß meine Augen und preßte die Flüssigkeit heraus. Während ich versuchte, mir mit dem linken Handrücken – die Taschentücher waren längst alle verschwunden – die Tränen wegzuwischen, konzentrierte ich mich intensiv auf die eine Berührung der vielen Hände, die mir sanft übers Haar strichen.

»Nicht weinen, Juri. Du hast es gut gemacht. Du warst wirklich sehr gut.«

Ein neuer Gefühlsstrom drohte mich fortzuschwemmen, doch dann ließen die Hände von mir ab, und ich bekam mich wieder in den Griff.

Als ich langsam die Augen öffnete, fiel mir auf, daß das Lächeln einem mir unbegreiflichen Ausdruck der Besorgnis gewichen war. Welchen Grund gab es dafür? Und warum zog sie ihre Augenbrauen hoch? Ab und zu waren die Brauen der Nonnen von einem zu tief sitzenden Schleier bedeckt; aber dies war hier nicht der Fall. Im Gegenteil, der weiße, tief in die Stirn gezogene Schleier der Schwester Oberin stand in starkem Kontrast zu ihren dunklen Augenbrauen, die ein düsterer Spiegel ihrer Skepsis geworden zu sein schienen.

»Wie machst du das? Liest du ständig heimlich Litaneien? Verrate mir, Juri,« (jetzt weniger weich, sondern fast anklagend) »wie kannst du dir all die lateinischen Wörter merken?«

»Ich weiß es nicht, Schwester.« Meine Stimme war kaum

hörbar. »Ich mache gar nichts. Die Wörter kommen ganz von selbst.«

»Bist du sicher?« Eine unnachgiebige Befragerin. »Ja, Schwester.«

Es entstand eine lange Pause, während der sich ihre Miene erneut wandelte. Offensichtlich war sie überzeugt, daß ich sie nicht belogen hatte. Ihre Augen wurden weicher, und ihre Stimme klang wieder sanfter, als sie zu Schwester C. sagte: »Ich wünsche nicht, daß jetzt schon irgend jemand hiervon erfährt. Bevor ich mir nicht über die Konsequenzen im klaren bin, wollen wir unser kleines Geheimnis für uns behalten.« Und an mich gewandt (ich konnte mich eines genüßlichen Vergnügens angesichts von Schwester C.s verwirrter Ergebenheit kaum erwehren), fuhr sie fort: »Auch du mußt mir versprechen, mit niemandem darüber zu reden. Es ist sehr wichtig.«

Ich verstand weder, warum es so wichtig war, dieses Geheimnis zu wahren, noch, was das alles zu bedeuten hatte. Dennoch klang mein »ja, Schwester« überzeugend, und so endete die Befragung so abrupt, wie sie begonnen hatte. Schwester C. ergriff meine Hand und beförderte mich mit sanftem Druck nach draußen.

In dem berüchtigten langen Korridor blendete uns eine Flut plötzlich aus dem Hof eindringenden Lichtes. Schweigend gingen wir ihm entgegen. Ich hörte die gestärkte Tracht neben mir rascheln. Als wir den Hof erreichten, sagte Schwester C. zum Abschied plötzlich ohne Vorwarnung: »Ich werde heute abend für dich beten.« Mit diesen Worten verschwand sie und ließ mich allein und in großer Verwirrung zurück.

EINIGE TAGE VERSTRICHEN, ohne daß sich etwas Besonderes ereignete, und wäre da nicht Schwester C.s auffällig verändertes Verhalten gewesen, hätte ich die ganze Angelegenheit vermutlich als abgeschlossen betrachtet. Während unseres normalen Tagesablaufs war keine Gelegenheit, mit der Schwester Oberin zu sprechen; es gab nur zwei Möglichkeiten, sie überhaupt zu Gesicht zu bekommen: einmal, ganz aus der Ferne, bei der Morgenandacht, und etwas näher, wenn ich als Ministrant von meinem Platz am Altar aus einen verstohlenen Blick auf die versammelte Gemeinde werfen konnte. Seit meinem Besuch bei der Schwester Oberin war mir mehr denn je zuvor daran gelegen, als Meßdiener eingeteilt zu werden. Wann immer jemand gesucht wurde, meldete ich mich freiwillig. Nicht, daß sich viele Jungs um die Arbeit gerissen hätten; als Meßdiener mußte man sich nämlich eine ganze Menge merken können. Ein gutes Gedächtnis war dabei von großem Vorteil. Schließlich wollte kein Priester den Ministranten während der Messe seine Anweisungen zuflüstern und sie ständig daran erinnern, was als nächstes zu tun sei.

Mehrere Tage lang versuchte ich vergeblich, aus dem Gesichtsausdruck der Schwester Oberin irgendeinen Hinweis abzulesen; sie erwiderte meinen Blick nicht einmal. Etwas allerdings veränderte sich: Ich beschäftigte mich wesentlich intensiver mit den Litaneien und übte oft, sie aus dem Gedächtnis vor mich hinzusagen. Es schien, als ahnte ich, daß mir die eigentliche Prüfung noch bevorstand. Wenn ich hinter den Schwestern herging, spitzte ich die Ohren, um die lateinischen Laute besser zu hören:

Kyrie eleison.
Christie eleison.
Iesu, audi nos.
Iesu exaudi nos.
Pater de caelis, Deus, miserere nobis
Fili, redemptor mundi, Deus, miserere
Spiritus Sanctus, Deus, miserere
Sancta Trinitas, unus Deus, miserere
Iesu, Fili Dei vivi, miserere ...

Oft versuchte ich, nachts im Bett neue Abschnitte zu repetieren. Wenn sie mir nicht einfielen, geriet ich in Panik und zerbrach mir stundenlang vergeblich den Kopf. Jetzt, da ich mir meiner Fähigkeit bewußt war, schien sie zu schrumpfen.

Dann, eines Nachmittags (immer passierte alles nachmittags), forderte mich Schwester C. auf, mich zu waschen, ein frisches Hemd anzuziehen und mich darauf vorzubereiten, mit ihr und der Schwester Oberin zum Prälaten zu gehen. Als oberste religiöse Autorität der Stadt bewohnte der Prälat ein geräumiges Anwesen neben der Zentralkirche, direkt gegenüber unserem ehemaligen Haus. Der Gedanke, dorthin gehen zu müssen, jagte mir Angst ein, besonders seit ich wußte, daß unser Haus von Fremden bewohnt war. Ich wollte sie auf keinen Fall sehen. Anfangs hatte ich mich oft aus dem Waisenhaus gestohlen und dem Haus in der Hoffnung genähert, meine Eltern seien aus Auschwitz zurückgekehrt. Aus Angst, von einem der Faschisten in der Nachbarschaft erkannt und an die Slowakische Garde verraten zu werden, hatte ich mich nur im Schutz der Dunkelheit in die Gegend gewagt. Eines Abends sah ich dann ein junges Paar vor der Haustür stehen. Der Mann steckte einen Schlüssel – *unseren* Schlüssel – ins Schloß, und die beiden gingen hinein. Sie waren ein glückliches Paar, unterhielten sich laut, lachten und genossen offensichtlich ihr Leben. Ein paar Minuten später wurde das Licht im Wohnzimmer eingeschaltet, und am Fenster erschien die Silhouette der Frau. Ich wartete noch eine Weile, dann verließ ich die Szene mit dem Vorsatz, nie wieder dorthin zurückzukehren.

Davon abgesehen fürchtete ich mich davor, dem Prälaten zu begegnen. Als ehemaliger Nachbar würde er mich sicher wiedererkennen. Möglicherweise würde er sich sogar an die Episode mit dem Wasser erinnern. Wie schrecklich! Während ich das Hemd wechselte und meine kurzen Haare kämmte, ließ ich mir jene Begebenheit noch einmal durch den Kopf gehen.

Sie ereignete sich (wie könnte es anders sein) an einem Nachmittag. Es war Sommer, und viele Menschen hielten sich im Freien auf. Ich saß mit einem Freund auf unserem Balkon und beobachtete von da oben das geschäftige Treiben. Am andern Ende der Straße war ein Fußballspiel im Gange, eins ohne Ball allerdings. Niemand besaß einen echten Fußball, also wurde improvisiert. Die Spieler knoteten gewöhnlich alte Lappen zu einem Bündel zusammen, das zwar auf einen Tritt mit dem Fuß reagierte, aber weder elastisch war, noch in die Höhe sprang. Solche Ballattrappen waren äußerst hart und die Ursache zahlreicher zerbrochener Fensterscheiben. Wenn sich der Knoten durch die vielen Schüsse erst einmal aufzulösen begann, konnten die losen Enden beim Kopfballspiel schmerzhafte Verletzungen verursachen. In der Regel bestand eine Mannschaft, inklusive Torwart, nur aus drei Spielern. Ab und zu störte ein Auto das Spiel, aber solche Unterbrechungen waren äußerst selten.

Da es uns langsam zu langweilig wurde, dem ereignislosen Spiel zuzuschauen, überlegten wir uns einen interessanteren Zeitvertreib. Mein Freund kam auf die Idee, nichtsahnende Passanten vom Fenster aus mit Wasser zu bespritzen. Ich zögerte zwar zunächst – schließlich konnte er hinterher nach Hause gehen, während ich dem Unwetter ausgesetzt sein würde –, ließ mich dann aber ohne große Mühe überreden, ein Glas Wasser zu holen. Es folgte ein Krug, und zu guter Letzt schleppte ich einen ganzen Eimer Wasser an. Bestens gerüstet lauerten wir auf ein geeignetes Opfer.

Es war richtig spannend. Jedesmal, wenn Nachbarn vorbeigingen, gelang es mir gerade noch rechtzeitig, meinen Freund von einer verfrühten Aktion abzuhalten. Obwohl vereinbart war, ausschließlich Unbekannte als Zielobjekt zu wählen, hoffte ich im stillen, eines der Mädchen aus der Nachbarschaft würde vorbeikommen – vielleicht sogar die hübsche Marina von gegenüber. Nach einigen Minuten gespannten Wartens näherte sich ein Jugendlicher unserer Falle. Als er das Fenster schon fast passiert hatte, kippte ich das Glas aus, woraufhin mein Freund und ich blitzschnell und ohne das Ergebnis unserer Aktion auch nur zu begutachten, Richtung Fußboden abtauchten. Erst ein paar Sekunden später wagten wir, vorsichtig nach draußen zu spähen: Der Junge überquerte gerade die Straße und drehte sich nicht einmal um. Es war schwer zu beurteilen, ob wir das Ziel verfehlt oder einen Treffer gelandet hatten. Daß niemand etwas bemerkt zu haben schien, ermunterte mich zu neuen Taten, und so leerte ich das nächste Glas Wasser aus, als eine schwer bepackte Bauersfrau die Gefahrenzone betrat. Dieses Mal duckten wir uns nur kurz und kamen gerade rechtzeitig zum Vorschein, als die Frau sich mit ihrem Kopftuch das Gesicht abwischte. Dann warf sie einen kurzen Blick in unsere Richtung, lächelte gütig und ging weiter.

Wäre die Frau damals böse geworden und hätte uns beschimpft, hätte sich unser Spiel vermutlich in einigermaßen vernünftigen Grenzen gehalten. (Diese Erkenntnis kommt natürlich viel zu spät.) Daß sie unseren üblen Streich scheinbar auch noch guthieß, brachte den Stein dagegen erst so richtig ins Rollen. Kurz nachdem die Frau um die Ecke gebogen war, erschien plötzlich der Prälat höchstpersönlich auf der Bildfläche. Er bot einen imposanten Anblick: Er trug eine scharlachfarbene Robe mit schwarzer Satinschärpe und einen goldglänzenden Schal. Und – für unsere Geschichte von ausschlaggebender Bedeutung – sein Haupt krönte ein riesiger Hut mit purpurnem Hutband und breiter Krempe. Der Hut war so gigantisch, daß man ihn selbst aus großer Höhe nicht verfehlen konnte. Bevor ich eine Chance zum Eingreifen hatte, hob mein Freund, der es offensichtlich leid war, den passiven Zuschauer zu spielen, den Eimer hoch und kippte den gesamten Inhalt auf das unwiderstehliche Ziel.

Vor Schreck traute ich mich danach nicht einmal, aus meinem unsicheren Versteck unter der Fensterbank aufzutauchen, um den Schaden zu begutachten. Mein Freund – falls man ihn noch als solchen bezeichnen konnte – wurde plötzlich ungewohnt still. Als Kind aus streng katholischem Hause war ihm wohl schlagartig klar geworden, was er angerichtet hatte. Das hinderte ihn allerdings nicht daran, aus dem Fenster zu spähen und mir zu berichten, daß der Hut unter der Last der Wassermasse eingebrochen und nach unten gerutscht war, so daß er das ganze Gesicht des Prälaten bedeckte. Dann ergriff der Täter die Flucht und machte sich über den Hinterhof aus dem Staub.

Als jüdisches Kind das Oberhaupt der christlichen Kirche der Stadt zu beleidigen, war keine Bagatelle, nicht einmal in sogenannten ›normalen‹ Zeiten, falls es die jemals gegeben hatte. Es an diesem Sommertag des Jahres 1943 zu tun, grenzte an Selbstmord.

Alle Höllenpforten würden sich öffnen. Untätig auf den Ausbruch des Donnerwetters warten zu müssen, war der unangenehmste Teil der Angelegenheit. Stunden vergingen. Draußen wurde es schon dunkel. Und noch immer war nichts passiert. Meine Mutter kam nach Hause und wunderte sich, daß ich mich in mein Zimmer verkrochen hatte. Ich brachte es nicht über mich, ihr die Geschichte zu beichten. Nicht, daß ich etwa annahm, ungeschoren davonzukommen, aber der Gedanke, ihr berichten zu müssen, daß ich die ganze Familie in Gefahr gebracht hatte – so viel hatte ich inzwischen begriffen –, war zu abschreckend. Als es endlich klingelte, huschte ich ins Badezimmer und schloß mich im Dunkeln ein. Von diesem Versteck aus lauschte ich einem unheilverkündenden Gemurmel. Auf Judiths Aufforderung, mich dem Exekutionskommando zu stellen, reagierte ich einfach nicht, als ob sie nicht ohnehin gewußt hätten, wo ich mich versteckte. All ihr Betteln half nichts. Als nächstes war meine Mutter an der Reihe. Mit vor Aufregung zitternder Stimme flehte sie mich an, herauszukommen und meine Version der Geschichte zu erzählen. Ich war kurz in Versuchung, meinen Freund zu verpetzen, unterließ es aber, weil mir sowieso niemand geglaubt hätte, und selbst wenn, lag die Verantwortung doch bei mir. Also suchte ich mein Heil im Schweigen und blieb dabei. Draußen wurde in gedämpfter Lautstärke noch eine Weile weiterdiskutiert, dann verließ der Besucher (oder waren es mehrere?) unsere Wohnung.

Plötzlich war es sehr still, ich wußte nicht, was ich davon halten sollte. Kurz danach wurde das Licht im Wohnzimmer gelöscht, und ein paar Minuten später schlüpfte ich leise in mein Bett. Ich war froh, daß es erst Dienstag war und Vater nicht vor Samstag zu Hause sein würde. Bis dahin war der

Ärger vielleicht schon etwas abgeflaut. Von diesem Gedanken beschwichtigt und völlig übermüdet, suchte und fand ich im Schlaf seliges Vergessen.

Es stellte sich heraus, daß der Prälat sich gnädig gezeigt und den Vorfall absichtlich heruntergespielt hatte, als er erkannte, wer darin verwickelt war und was auf dem Spiel stand. Daß er die Nazis verabscheute – wie umgekehrt Präsident Tiso die katholische Priesterschaft nicht minder –, brachte ihm die Bewunderung der wenigen noch in Zilina verbliebenen Juden ein. Damals konnte ich noch nicht ahnen, daß der Prälat seinen Widerstand gegen die Nazis einmal teuer würde bezahlen müssen und daß ich praktisch Augenzeuge dieses Vorfalls werden würde.

Als mir im Waisenhaus bei der Vorbereitung auf meinen Besuch im Pfarrhaus jene Episode durch den Kopf ging, schien sie mir einer so fernen Vergangenheit anzugehören, daß der Prälat sich unmöglich daran erinnern konnte. Zuviel war seit jenem warmen Sommertag geschehen. Trotzdem wurde mir etwas mulmig bei dem Gedanken, ihm zu guter Letzt doch noch unter die Augen treten zu müssen. Dieses Mal gab es kein Badezimmer zum Verstecken. Keine Chance, *der Prüfung* zu entgehen.

DA ES WINTER WAR, lag zum Glück schon tiefe Dunkelheit über der Stadt, als wir das Waisenhaus verließen. Draußen herrschte klirrende Kälte; der gefrorene Neuschnee knirschte unter unseren Schuhen. Die Schwester Oberin und Schwester C. hatten offensichtlich ihre liebe Mühe mit dem tiefen Schnee, denn sie hielten ihre lange Tracht mit beiden Händen in die Höhe; eine herrliche und für Nonnen ganz untypische Geste. Während ich ihnen in gebührendem Abstand folgte – weit genug weg, um sie gut beobachten und nah genug, um mich als Teil dieser seltsamen Gruppe fühlen zu können –, spürte ich, wie meine Angst mit jedem Schritt wuchs.

Würde sich der Prälat an mich erinnern? War er wirklich ein so guter Mensch, wie meine Mutter ihn beschrieben hatte? Was würde geschehen, falls ich bei der Prüfung durchfiel? Und was, wenn ich sie bestand? Ich hatte keine Ahnung, was sie genau von mir erwarteten. Angenommen, mir fielen die langen lateinischen Gebete tatsächlich ein – welche Schlüsse würden sie daraus ziehen? Handelte es sich um etwas so Ungewöhnliches? Oder war es gar etwas Schlimmes? Hielten sie es vielleicht für Blasphemie?

Plötzlich rutschte die Schwester Oberin aus, und hätte sie sich nicht im letzten Moment an Schwester C.s Arm festgeklammert, wäre sie sicher gestürzt. Ein kurzer Seufzer – ein »Aah« – entfuhr ihren Lippen. Es war seltsam, die Schwester Oberin »Aah« sagen zu hören. Es machte mich verlegen, als sei ich unbefugt in ihre Privatsphäre eingedrungen. Wenigstens verscheuchte dieser kleine Unfall meine Sorgen, so daß ich mich nun ganz auf die vor mir liegende Aufgabe konzentrieren konnte. Ich ließ mir noch einmal die Anfangszeilen verschiedener Litaneien durch den Kopf gehen. Ich kannte ihre Namen nicht – falls sie überhaupt welche hatten –, also konnte ich sie nur wiedererkennen, wenn ich den Anfang hörte. Das Problem bei dieser Methode war, daß viele Litaneien ähnlich begannen und sich erst im weiteren Verlauf exakt identifizieren ließen.

Wir hatten den großen, offenen Marktplatz inzwischen hinter uns gelassen. In der engen Straße, die zu unserem Haus führte, lag fast gar kein Schnee. In dieser windgeschützten Gegend erzeugte die Wärme der dichtgedrängten Menschenmenge einen Dunstschleier, der sich auf die Schaufenster legte. An solch kalten Tagen hatte mich die angenehme Wärme in den Geschäften immer besonders angezogen. Wie sehr wünschte ich mir jetzt, in einen der Läden gehen zu dürfen. Drinnen waren sie mit Sicherheit hell erleuchtet, obwohl es von außen wegen der zugeklebten Scheiben gar nicht den Anschein machte. (Zum Schutz vor Angriffen feindlicher – *feindlicher?* – Flugzeuge war Verdunkelung angeordnet.) Ich hoffte inständig auf irgendeinen Zwischenfall, der mir den Besuch beim Prälaten ersparte. Gesetzt den Fall, die Schwester Oberin würde tatsächlich hinfallen und sich dabei verletzen; würden wir dann weitergehen oder die ganze Sache abblasen?

Ich wußte, daß ich solch sündige Gedanken vertreiben mußte. Der Teufel hatte sich wieder in mein Gehirn eingeschlichen, jetzt galt es, stark zu bleiben und ihn so schnell wie möglich zu verscheuchen. Die einzige mir bekannte wirksame Waffe gegen das Böse waren ein paar schnelle Vaterunser zum richtigen Zeitpunkt. Unser Religionslehrer in der Schule betonte immer wieder mit Nachdruck die ausschlaggebende Bedeutung einer schnellen Reaktion: »Der Teufel zögert nicht, und wenn man ihm nur ein paar Sekunden Zeit läßt, verliert man schon die Kontrolle.« Wenn ich mir auch nicht genau vorstellen konnte, was in einem solchen Fall konkret passieren würde, begriff ich doch, daß »unreine Gedanken« eine große Gefahr darstellten. Über einen Mangel an unreinen Gedanken konnte ich nicht gerade klagen. Sie tauchten plötzlich aus dem Nichts auf, am häufigsten abends vor dem Einschlafen. Manche waren äußerst angenehm, und nur das Argument, daß sie schrecklich gefährlich waren, hielt mich davon ab, sie länger zu genießen. Seit kurzem beherrschte ich allerdings einen guten Trick: Ich bereitete mich mit einem demütigen Gebet auf den Kampf gegen den Teufel vor und hatte zusätzlich immer ein Vaterunser parat. So gerüstet und mit dem beruhigenden Wissen, daß bei Bedarf Hilfe zur Hand war, gab ich mich meinen unreinen Gedanken hin. Wie der Priester richtig gesagt hatte, war der Teufel am gefährlichsten, wenn er uns unvermutet überraschte. Wenn ich mich also auf ihn vorbereitete und ihn dann gezielt einlud, ließ sich die Gefahr zumindest reduzieren. In der Regel funktionierte diese Methode.

Während ich so vor mich hinträumte, hatte ich ziemliche Mühe, mit dem Tempo der Nonnen Schritt zu halten. Wir hatten inzwischen die Kreuzung erreicht, an der bis vor ein paar Wochen der prachtvoll geschmückte Weihnachtsbaum gestanden hatte. Vor uns lag die Treppe, die zum Bahnhof hinunterführte. Rechts von uns erhob sich die Zentralkirche mit ihren nüchternen hohen Mauern. Und auf der linken Seite das zweite Haus war das, in dem wir gewohnt hatten – in dem *jetzt sie* wohnten. Die Residenz des Prälaten lag fast direkt gegenüber.

Bevor wir die Kreuzung überquerten, nahm mich die Schwester Oberin an die Hand. War ihr bewußt, wo wir uns befanden? Spürte sie, was in mir vorging? Oder befürchtete sie nur, daß ich im letzten Moment davonlief. Was auch immer ihre Gründe sein mochten, ich war froh, ihre Hand halten zu dürfen. So dicht neben ihr ergab sich keine Gelegenheit, mich nach dem Haus umzudrehen, wie es meine ursprüngliche Absicht gewesen war. Bevor sie am Eisentor klingelte, musterte mich die Schwester Oberin mit kurzem, prüfenden Blick, aus dem Sympathie und Sorge zugleich sprachen. Erst viel später begriff ich, daß auch ihr in gewisser Weise eine Prüfung bevorstand. Schließlich war ich ihr Schützling, und es war ihre Idee, mich hierher zu bringen.

Die Türklingel war etwas ganz Besonderes. Statt eines einfachen Summtones erklangen zwei Noten, wie bei einer echten Glocke. Eine alte, gebeugte Frau, die ich noch nie zuvor gesehen hatte, öffnete die Tür und führte uns zum Prälaten.

Mein Herz begann rasend schnell zu schlagen. Die Art und Weise, wie sich der Prälat zur Begrüßung der Schwester Oberin erhob, ließ auf großen Respekt ihr gegenüber schließen. Er verneigte sich mehrmals und geleitete sie zu einem bequemen Sessel. Als nächstes bot er Schwester C. einen Platz an, bevor er sich schließlich mir zuwandte. Ich hatte sein Gesicht nie zuvor deutlich sehen können, weil der große Hut immer einen dunklen Schatten darauf warf. Jetzt allerdings bedeckte sein graues Haar nur eine dieser kleinen Kappen, wie sie auch die Franziskanermönche trugen (ganz ähnlich der jüdischen Jarmulke). Der Prälat hatte dunkle Augen, die in auffälligem Kontrast zu seinen buschigen grauen Brauen standen. Zu meiner Verblüffung stellte ich fest, daß aus seinen beiden Ohren Büschel grauer Haare wuchsen. Ich konnte mich nicht erinnern, in Ohren jemals Haarwuchs gesehen zu haben, und es gelang mir kaum, mich von diesem Anblick loszureißen. Mit durchdringendem Blick zwang mich der Prälat in den Bannkreis seiner Augen zurück.

Einen flüchtigen Augenblick lang glaubte ich, Zeichen des Wiedererkennens zu entdecken, war mir aber nicht ganz sicher. Die Spur eines Lächelns spielte um seine Lippen. Ich fand sein Gesicht so vertrauenserweckend, daß ich beruhigt meinen Platz zwischen den beiden Nonnen einnehmen konnte. Der Stuhl war viel zu hoch für mich, und es blieb mir nichts anderes übrig, als mir beim Draufklettern helfen zu lassen. Nachdem das geschafft war, begab sich der Prälat zu seinem eigenen, dem Halbkreis seiner Besucher gegenüberstehenden Sessel.

Jetzt folgte etwas völlig Unerwartetes. Der Prälat wandte sich mit einer langen Liste von Fragen über das Waisenhaus an die Schwester Oberin. Sie sprachen über die Versorgungslage, die Kartoffel- und Gemüsevorräte, den strengen Winter und den Mangel an Heizkohle (hier war es angenehm warm). Dann erkundigte sich der Prälat nach allen Einzelheiten des Planes, ein Feldlazarett für verwundete Soldaten im Waisenhaus einzurichten: Wo genau sollte es seinen Platz finden, und wann würde man es eröffnen können? Es war das erste Mal, daß ich etwas von einem Feldlazarett hörte, und ich empfand es als große Ehre, daß man ausgerechnet mir ermöglichte, den anderen später eine so wichtige Neuigkeit zu überbringen. Nachdem alle Aspekte dieses Themas beleuchtet waren, ging der Prälat dazu über, sich nach dem Befinden der Schwestern zu erkundigen. Er schien sie fast alle persönlich zu kennen. Offenbar fühlte er sich in Gesellschaft der Schwester Oberin sehr wohl, und da sich nur selten die Gelegenheit gegenseitiger Besuche ergab, schien er fest entschlossen, diese hier optimal zu nutzen.

Meine Gedanken begannen, ziellos zu wandern. Irgend wann begegneten meine Augen zufällig denen von Schwester C., die sich vermutlich genauso überflüssig vorkam wie ich.

Mein Blick überflog die Wände des Raumes. Ich konnte nirgendwo ein Kruzifix entdecken. Falls es überhaupt eines gab, mußte es hinter meinem Rücken hängen. Obwohl mich große Neugier trieb, wagte ich nicht, mich umzudrehen. Als sie plötzlich anfingen, über den gegenwärtigen Stand des Krieges zu diskutieren, war ich wieder ganz Ohr. Alle für mich lebensentscheidenden Fragen drehten sich um den Krieg und dessen Ausgang. Der Prälat redete ganz leise, als fürchte er, belauscht zu werden. Er erläuterte den Vormarsch der Amerikaner und Briten in Frankreich, der durch den unerwartet langen Winter aufgehalten wurde. Dann sprach er von der russischen Front und den Partisanen und gelangte schließlich zu dem Schluß, daß die Deutschen den Krieg zweifellos verlieren mußten. Obwohl dieser letzte Satz im Flüsterton gesprochen wurde, verstand ich jedes Wort klar und deutlich. Ich denke, ich hätte ihn sogar gehört, wenn der Prälat ihn nur in Gedanken ausgesprochen hätte. Wenn jemand wie er so etwas behauptete, mußte es einfach stimmen. Aber wann war es endlich soweit?

Als beantworte er damit meine stumme Frage, warnte er die Schwester Oberin vor verfrühten Hoffnungen. Die Deutschen würden nicht so schnell aufgeben, sondern bis zum bitteren Ende weiterkämpfen und dabei so viele Menschen wie möglich in den Tod schicken. Und harte Bestrafung drohe jedem, der in Verdacht geriet, mit dem Feind zu kollaborieren oder die Niederlage der Deutschen herbeizusehnen. Genau so hatte es geklungen, wenn Apuka anhand seiner riesigen Europakarte die Kriegslage analysierte. Seine Gäste hatten seine Warnungen als chronischen Pessimismus abgetan. Wie seltsam, die gleichen Argumente jetzt vom Prälaten zu hören!

Die Unterhaltung wurde in leisem, eindringlichem Ton fortgesetzt. Es ging offensichtlich um Details der Vorbereitung auf die Endphase des Krieges. Obwohl ich nicht alles genau verstand, schloß ich aus der häufigen Wiederholung des Wortes »Feldlazarett«, daß diesem hierbei große Bedeutung beigemessen wurde. Die Gestapo haßte jede Religion. Die christliche Kirchenführung mußte mit dem Schlimmsten rechnen. Es war ratsam, bestimmte Dokumente und Wertgegenstände vorsichtshalber zu verstecken.

Ich hatte das unangenehme Gefühl, Zeuge eines Gesprächs zu werden, das nicht für meine Ohren bestimmt war; aber der Prälat hatte wohl seine Gründe, wenn er alle Vorsicht in den Wind schlug, um seinen Standpunkt zu erläutern. Seine Worte machten schweren Eindruck auf die

Schwester Oberin, nimmt man ihr unablässiges Nicken und ihre fast fanatische Zustimmung als Maßstab hierfür: »Ja, Eure Exzellenz«, »Selbstverständlich, Eure Exzellenz«, »Sofort, Eure Exzellenz«. So ging es die ganze Zeit.

Ich konnte der Unterhaltung nicht länger folgen, und während ich versuchte, mich auf meine eigenen Angelegenheiten zu konzentrieren, spürte ich den Beginn eines unvermeidlich nahenden dringenden Bedürfnisses. Bei der hektischen Besuchsvorbereitung hatte ich dummerweise den Gang zur Toilette vergessen. Ich konnte Seine Exzellenz doch unmöglich mit der Bitte unterbrechen, sein Badezimmer benutzen zu dürfen! Das hätte allen Regeln des Anstands widersprochen. Keinem Jungen im Waisenhaus wäre es auch nur im Traum eingefallen, eine Toilette außerhalb seiner Abteilung zu benutzen. Mit Sicherheit ging auch kein Mädchen jemals auf die der Nonnen. Hätte ich mich doch vor dem Besuch erleichtert! Mit in der Luft baumelnden Beinen auf diesem hohen Stuhl zu sitzen, verschlimmerte das Ganze noch. Ich versuchte, mich so wenig wie möglich zu bewegen und vor allem, nicht daran zu denken.

Mitten in meinem aussichtslosen Kampf wurde mir plötzlich bewußt, daß die Diskussion beendet war. Das Geflüster und Gemurmel war einer Pause gewichen, die zu lange dauerte, um Teil des Gesprächs zu sein. Erst jetzt dämmerte mir, daß der Stille eine bedeutungsschwangere Veränderung im Tonfall der Stimmen vorausgegangen war und daß ich zweimal, einmal von rechts und einmal von links, die formelle Version meines Namens gehört hatte.

Schwester C. hatte eine erwartungsvoll gespannte Sitzhaltung eingenommen. Aller Augen waren auf mich gerichtet, als die Schwester Oberin sagte: »Juri, ich habe Seiner Exzellenz von der Gabe erzählt, die du besitzt.« (Wieso »Gabe«?

Von wem?) »Er würde sehr gerne mehr darüber erfahren. Du weißt doch, daß wir deswegen hergekommen sind?«

»Ja, Schwester.«

»Seine Exzellenz möchte dir jetzt ein paar Fragen stellen.«

»Ja, Schwester.«

Nachdem sie die Einleitung hinter sich gebracht hatte, lehnte sich die Schwester Oberin tief in die Kissen ihres bequemen Sessels zurück. Jetzt war ich an der Reihe.

Ich war eingekreist: direkt vor mir saß der Prälat, der mich behandeln durfte, wie immer es ihm beliebte; möglicherweise ließ er endlich einen lang gehegten Groll wegen des empörenden Wasservorfalls an mir aus. Zu meiner Rechten saß die Schwester Oberin, die die Rolle der unbeteiligten Betrachterin zu mögen schien. Schwester C. thronte zu meiner Linken, genau zwischen mir und der Tür, was meine Fluchtchancen auf Null reduzierte. Das Wesentliche aber war, daß sich hinter meinem Rücken das Kruzifix befand. Ich hatte es zwar bis jetzt nicht gesehen, spürte seine Anwesenheit jedoch in meinem verspannten Nacken.

Während meiner langjährigen Tätigkeit als Hochschullehrer wurde ich immer wieder mit dem verblüffenden Phänomen konfrontiert, daß Studenten die meiste Angst – bis hin zu totaler Panik – vor mündlichen Prüfungen haben. Bei meinen Studien auf dem Gebiet der Streßforschung bin ich nirgendwo sonst auf eine auch nur annähernd vergleichbare Intensität freigesetzter Angst gestoßen. Häufiger als Patienten vor einer schweren Operation, noch häufiger sogar als Soldaten vor dem Kampfeinsatz, sind junge Erwachsene vor dem Gang ins Prüfungszimmer völlig aufgelöst. Ihre Panik steht in keinerlei Relation zum objektiven Risiko und in absolutem Widerspruch zu früheren Erfahrungen.

Schuld daran ist weniger der ungewisse Prüfungsverlauf als vielmehr die Situation als solche. Allein in einem Raum vor einem Prüfungskomitee zu stehen, dessen Launen und ureigenem Gerechtigkeitssinn auf Gedeih und Verderb ausgeliefert zu sein und sich der Gnade würdig erweisen zu müssen, läßt vermutlich bei vielen von uns die emotionsbeladenen Geister prototypischer Eltern-Kind-Situationen wiederauferstehen. Was meinen eigenen Fall betrifft, so handelte es sich an jenem schicksalhaften Abend, als ich – per definitionem Waise – in diesem Zimmer saß, flankiert von den beiden Müttern (der Gütigen und der Strafenden), Aug' in Auge mit Gottvater und dem Sohn Gottes hinter meinem Rücken, um die Prüfung aller Prüfungen.

»SIEH MICH AN, MEIN SOHN«, begann der Vater und deutete damit die Absicht an, die Angelegenheit in erster Linie aus religiöser Perspektive betrachten zu wollen. Ich sah ihm in die Augen und versuchte dabei krampfhaft, keine Notiz von den Haaren in seinen Ohren zu nehmen. »Wie heißt du, mein Sohn?«

»Juri, Vater.«

»Juri, und weiter?«

Die List war mißlungen, ich raffte mich zum Unvermeidlichen auf. »Juri Breznitz, Vater.«

Eine Pause. Die buschigen Augenbrauen zogen sich nachdenklich zusammen.

»Sagtest du Breznitz?«

»Ja, Vater.«

»Bist du der Sohn von Joseph Breznitz, der hier gegenüber gewohnt hat?«

»Ja, Vater.«

Ein dunkler Schatten. Dann wurde sein Augenausdruck sanfter.

»Sind deine Eltern von den Deutschen abgeholt worden?«

Auf einmal war das Wasser so belanglos, so verdammt belanglos.

»Ja, Vater.«

Warum nur »Ja, Vater«? Warum nicht »Sie sind schon so lange fort, Vater. Man hat sie nach Auschwitz gebracht, Vater. Ich vermisse sie, Vater. Ich habe Angst, daß man sie tötet, Vater. Werden sie jemals wiederkommen, Vater?«

Er wandte sich an die Schwester Oberin. »Warum haben Sie mir das nicht erzählt?«

»Ich hielt es nicht für wichtig, Vater.« Von der Frage überrumpelt, gebrauchte sie das gerade verfügbare »Vater«, statt des formalen »Seine Exzellenz«.

»Aber es ist wichtig, Schwester, sehr wichtig«, insistierte er betont langsam. Dann war ich wieder an der Reihe.

»Seit wann bist du Christ?«

»Seit zwei Jahren, Vater.«

»Und bist du ein guter Christ?«

»Ich hoffe es, Vater.«

»Betest du?«

»Ja, Vater.«

»Kannst du deine Gebete auswendig?«

Die indirekte Annäherung, ähnlich der Fianchetto-Eröffnung beim Schach: der Läufer wird seitwärts gezogen, kontrolliert jedoch früher oder später die gesamte Diagonale.

»Ich hoffe, Vater.«

»Möchtest du mir zeigen, wie gut du sie kannst?«

»Ja, Vater.«

Da waren wir endlich. Noch etwas länger, und der Gang zur Toilette hätte sich nicht mehr vermeiden lassen. Nun wurde es also ernst mit der Prüfung. Der Prälat benutzte das gleiche Litaneienbuch wie die Schwester Oberin, und es lief gut. Die Misereres, die Liberas, die Ora Pro Nobis, alles klappte. Als ich fertig war, herrschte langes Schweigen. Zum Nachdenken hatte ich die ganze Zeit mit gesenktem Kopf auf meine baumelnden Füße gestarrt, und auch jetzt wagte ich noch nicht, meine Augen zu heben. Hin- und hergerissen zwischen Triumph und einer Art Scham wegen der mir eigenen »Gabe«, schossen mir plötzlich Bilder aus der Vergangenheit durch den Kopf. Das Caféhaus; ich habe gerade eine Partie Schach gewonnen und warte darauf, daß Apuka (*mein* Vater) mich vom hohen Stuhl herunterhebt, mich voller Stolz umarmt, um mich dann an der Hand zu nehmen und vom Schlachtfeld zu führen.

Der Prälat erhob sich, kam auf mich zu und strich mir sanft übers Haupt. Ich spürte seine zarte Hand und den harten, riesigen Goldring auf meiner Stirn. Mit einem leichten Klapps (kein Hochheben, keine Umarmung) gab er mir dann das Zeichen zum Aufstehen und geleitete mich in einen Nebenraum. Ich war so verwirrt, daß ich mich nicht einmal vergewisserte, ob hinter meinem Rücken tatsächlich ein Kruzifix hing. Das neue Zimmer war finster, und überall an den Wänden hingen Heiligenbilder.

»Warte hier, mein Sohn.«

Damit schloß er die Tür hinter sich und ging zurück zu den Schwestern. Sie würden also in meiner Abwesenheit über mich sprechen. Die Jury hatte sich zur Beratung zurückgezogen. Das dringende Bedürfnis gewann allmählich die Oberhand über alles andere, aber dieser Raum war ein Gefängnis, und kein Heiliger, nicht einmal mein Schutzheiliger Sankt Georg, konnte mich daraus befreien.

Erst viel später, Monate nach Kriegsende, erfuhr ich, worüber in meiner Abwesenheit gesprochen worden war. Aus heutiger Sicht kann ich mich glücklich schätzen, daß man mich damals an jener Diskussion nicht hat teilnehmen lassen. Denn das dort erlangte Wissen hätte mich die Fähigkeit, die mir vermutlich das Leben rettete, unweigerlich verlieren lassen.

Der Leser hat allerdings das Recht, an dieser Stelle zu erfahren, was sich in jenem Raum abgespielt hat. Hier ist also die Fortsetzung der Geschichte, die meine Mutter mir so erzählte, wie sie sie von der Schwester Oberin erfahren hatte:

Wieder war es Winter, zum Glück ein anderer, und wir saßen in der Küche. Ich war gerade von der Schule nach Hause gekommen. Auf meinem Teller lagen zwei große, dick mit Gänseschmalz bestrichene Scheiben frischen Brotes. Himmlisch! *»Durko moj«.* (»Mein Durko« oh, wie sanft!) »Ich muß dir etwas sehr Wichtiges erzählen«, sagte meine Mutter. Meine Hand hielt auf halbem Weg zum Brot inne, und mir blieb fast das Herz stehen. Es gab nur ein wirklich wichtiges Thema: Nachrichten von meinem Vater. War er zurückgekommen? Gab es ein Lebenszeichen von ihm? Hatte ihn jemand sterben sehen?

Sie muß meine Gedanken gelesen haben, denn sie ergänzte mitfühlend:

»Nein, es gibt nichts Neues von Apuka. Komm, iß dein Brot, du mußt doch einen Riesenhunger haben.«

In *unserer* Küche mit *meiner* Mutter zu sitzen und frisches Brot mit Gänseschmalz zu verschlingen – größer hätte der Sprung von der vorher geschilderten Begebenheit kaum sein können! Im Vergleich zum merkwürdigen Inhalt der eigentlichen Geschichte verblaßt jedoch sogar dieser Kontrast.

»Durko, erinnerst du dich noch an den verstorbenen Prälaten?«

Mit vollem Mund nickte ich zustimmend. Wie konnte sie so etwas fragen? Erschien ihr die Zeit vor dem Erdbeben als zu unwichtig, um irgend etwas davon im Gedächtnis zu behalten? Natürlich erinnerte ich mich an ihn. Und ich würde niemals vergessen können, wie er starb. Ich nahm mir vor, meiner Mutter bald davon zu erzählen.

»Erinnerst du dich daran, wie du mit der Schwester Oberin im Pfarrhaus warst?«

»Ja. Und Schwester C. war auch dabei. Ich mußte vor dem Prälaten eine Prüfung ablegen.«

»Die Schwester Oberin hat mir heute morgen davon erzählt. Hör gut zu, es ist sehr wichtig.« Noch ein tiefer Seufzer, und schon war sie beim Wesentlichen: »Der Prälat war sehr beeindruckt von deiner Leistung. Er meinte, nie zuvor etwas Vergleichbarem begegnet zu sein. Kein normaler Mensch, schon gar nicht ein acht Jahre altes Kind, konnte sich so viele lateinische Gebete merken. Er war sich sicher, daß eine tiefere Bedeutung dahintersteckte; etwas, das sich den Regeln der Logik entzog (ein Wunder?) und jenseits normalen menschlichen Fassungsvermögens lag. Ein solch außergewöhnliches Gedächtnis ließ seiner Überzeugung nach auf göttliches Eingreifen (eine Gabe?) schließen und mußte als *Zeichen*, als Berufung zu Höherem gedeutet werden.«

Ich nutzte die kurze Pause, um mir die Szene in jenem Raum mit all den Heiligen noch einmal zu vergegenwärtigen: Das Gefühl der Einsamkeit, ein dringendes Bedürfnis, das ich mit zusammengekniffenen Beinen unter Kontrolle zu bringen versuchte, während die Jury im Nebenzimmer hinter verschlossenen Türen tagte.

»Am erstaunlichsten fand der Prälat deine jüdische Herkunft. Ihm fiel dazu sofort die Legende von dem jüdischen Waisenjungen ein, dem es bestimmt war, eines Tages Papst zu werden. Er wußte zwar nicht genau, woher die Geschichte stammte, da sie aber auch die Nonnen kannten, war zu vermuten, daß sie weit verbreitet war. Er gab den

Schwestern den dringenden Rat, dich niemals aus den Augen zu lassen und sich besonders aufmerksam um dich zu kümmern. So kurz vor Kriegsende mußte mit allen Mitteln verhindert werden, daß du den Deutschen in die Hände fielst. Nichts von all dem durfte an die Öffentlichkeit dringen; niemand, besonders du nicht, sollte das Geheimnis erfahren. Und so, mein Durko, unternahmen sie alles Menschenmögliche, um dich zu retten, in der Hoffnung, daß ihre Mühen eines Tages belohnt würden.«

Ich war sprachlos. Bestimmte, mir einst unbegreifliche Dinge machten plötzlich mehr Sinn. Aber der Papst? War es möglich, daß sich die Jury auf den Flügeln einer Legende bis zum Vatikan hatte tragen lassen?

»Legenden sind langlebig in diesem Teil der Welt, die guten wie die bösen. (Juden nehmen Christenblut zum Backen von Matze an Pessach; Zigeuner stehlen Kinder.) Als der Krieg zu Ende war, wollte dich die Schwester Oberin aus festem Glauben an deine Bestimmung zuerst gar nicht aus dem Waisenhaus entlassen. Erst als sie einsah, daß meine Rückkehr aus Auschwitz nicht in die Legende paßte, weil du damit ja kein Waise mehr warst, änderte sie widerstrebend ihre Meinung.«

Eine perfide Logik! Bist du kein Waise, wirst du kein Papst! Welch seltsame Alternative. War Papst Pius XII. Waise oder galt die Regel nur für Juden?

Urteil: Rückschlüsse aus dieser Geschichte auf das Verhalten der Nonnen, besonders das der Schwester Oberin, zu ziehen, wäre ungerecht. Retteten sie mein Leben etwa nur wegen jener seltsamen Legende? Natürlich nicht. Sie retteten doch auch Judith, Rudo und Fischer, und nichts ließ darauf schließen, daß ihr Motiv ein anderes als echte Sorge um unsere Sicherheit war. Und doch – das ist der Preis für erlangtes Bewußt-

sein – kann ich mich des erschreckenden, fast paranoiden Gedankens nicht erwehren, daß sie mich auch um ihrer selbst willen beschützten. Wenn ich an den verzweifelten Gesichtsausdruck von Schwester C. bei ihren zahllosen Versuchen zurückdenke, mich in den entlegensten Winkeln der Klosterkatakomben zu verstecken, fällt es mir schwer, ein ausgewogenes Urteil zu fällen. Andererseits wurden wir auch vor meiner Prüfung schon mehrere Male versteckt, was darauf hindeutet, daß die Schwestern durch meinen Fall allenfalls in ihrer bereits existierenden Grundhaltung bestärkt wurden, denn ohne ihr grundsätzliches humanitäres Engagement hätte für uns niemals Hoffnung auf Rettung bestanden.

Überfall im Schnee

Himmel und Erde mögen meine Zeugen sein gegen euch.
Deuteronomium 4:26

Einige Wochen waren seit meiner Prüfung vergangen, inzwischen war es Anfang März. Ebensowenig wie die Deutschen wollte der Winter kapitulieren, überall lag eine dichte Neuschneedecke. Die Stadt war vollgestopft mit neuen deutschen Einheiten, die aus allen Richtungen in die Gegend strömten. Einige wirkten verbraucht und kampfesmüde, andere kamen frisch aus dem Vaterland. Die neuen Soldaten schienen alle sehr jung zu sein, nicht älter als sechzehn, siebzehn Jahre. In letzter Zeit fanden auf dem Marktplatz auch häufig Kundgebungen der Hitlerjugend statt. Die meisten Teilnehmer waren Deutsche, der Rest slowakische Anhänger der Hlinka-Garde. Trotz großer Angst konnte ich der Versuchung nicht widerstehen, mir diese Paraden anzuschauen. Die sauberen, glänzenden Uniformen, das rhythmische Schlagen Hunderter von Trommeln, die Hakenkreuzfahnen und der dramatische Klang der Fanfaren strahlten etwas Mächtiges, Erregendes aus, das mir Furcht einflößte und mich gleichzeitig neidisch machte.

Die russische Front kroch immer dichter an Zilina heran, ab und zu drang der Lärm schwerer Geschütze bis in die Stadt. In klaren Nächten konnte man beobachten, wie sich der Himmel im Osten orange färbte; ein erschreckender Anblick.

Die Nächte wurden zunehmend lauter und gefährlicher. Horden betrunkener Soldaten durchzogen die Straßen auf der Suche nach geeigneten Opfern, an denen sie Wut und Langeweile auslassen konnten. Die berühmte Disziplin der deutschen Wehrmacht löste sich vor unseren Augen in Nichts auf. Es kursierten Gerüchte über Vergewaltigungen und Plünderungen. Der Kommandant bemühte sich vergebens, die Übergriffe den Partisanen in die Schuhe zu schieben. Zweimal pro Tag, um zwölf Uhr mittags und um sechs Uhr abends, plärrte aus den Lautsprechern in der ganzen Stadt eine Phrase aus Beethovens Fünfter Symphonie. Dies war das Signal für wichtige Durchsagen.

»Achtung! Achtung!« Immer das verhaßte deutsche Wort vor der eigentlichen Ankündigung in slowakischer Sprache. (Durch die ständige Wiederholung drang dieses Wort so tief in mein Bewußtsein, daß es für mich bis heute untrennbar an die wunderschöne Melodie gekoppelt ist.) Die Lautsprechernachrichten vermeldeten gewöhnlich zuerst Erfolge der deutschen Wehrmacht an der russischen Front. Dann folgte eine lange Liste von Greueltaten, die von den Partisanen am friedliebenden Volk der Slowaken begangen worden sein sollten. Daran schloß sich eine ebenso lange Liste angeblich erfolgreicher Aktionen zum Schutz der Bevölkerung an. Je hoffnungsloser die Lage der Deutschen wurde, desto länger wurden die Durchsagen.

Manchmal bediente man sich auch eines Nachrichtensystems aus grauer Vorzeit: ein Ausrufer erschien an einer belebten Kreuzung oder auf dem Marktplatz und begann zu trommeln. Wenn er die Aufmerksamkeit der Menge auf sich gezogen hatte, stellte er die Trommel ab, entrollte seine Botschaft und brüllte sie den Umstehenden in die Ohren. Am Ende wurde eine Kopie der Ankündigung an eine Mauer oder eine der Arkadensäulen geheftet. Diese archaische

Form der Kommunikation hatte etwas höchst Dramatisches an sich und schien wie geschaffen für die mittelalterlichen Straßen von Zilina. Das Trommeln allein wirkte schon furchteinflößend, zumal man allmählich das Gefühl bekam, von einem ganzen Trommelheer eingekreist zu sein.

Solange ich zurückdenken konnte, hatten jene Bekanntmachungen immer nur Unheil verkündet. Mutter war jedesmal erstarrt, wenn eine Lautsprecherdurchsage begann. Die einzige positive Ausnahme hatte es während des glücklosen Partisanenaufstands gegeben, leider allerdings nur vorübergehend. Den wenigen Tagen des Hochgefühls folgte schnell die Ernüchterung in Form eines massiven Einmarschs deutscher Soldaten und Gestapobeamten. An jenem Sommertag war unsere Familie der letzten Hoffnung auf ein gemeinsames Überleben des Krieges beraubt worden. Ich fragte mich, ob aus den Lautsprechern je eine andere Melodie und andere Nachrichten ertönen würden. An einem Sonntag nach der Frühmesse spielten einige von uns draußen im frischen Schnee. Der hart gefrorene Boden bot eine ideale Unterlage für meterweite Rutschpartien. Wir nahmen gewöhnlich Anlauf und glitten dann mit hoher Geschwindigkeit über das Eis. Bei Neuschnee mußten wir uns zuerst eine brauchbare Eispiste präparieren. Für nichtsahnende Passanten barg das eine große Gefahr in sich, besonders wenn eine dünne Neuschneeschicht den glatten Untergrund trügerisch verbarg. Ein falscher Schritt führte unvermeidlich zum Sturz.

Allmählich belebte sich der Marktplatz mit Sonntagsspaziergängern, meist Eltern mit Kindern. Trotz des erneuten Wintereinbruchs war es windstill, und vereinzelte schwache Sonnenstrahlen bahnten sich ihren Weg durch die Wolken. Vor dem Grand Hotel wurden geröstete Kastanien verkauft, die einen köstlichen Duft verströmten; aber natürlich hatte keiner von uns Geld dafür. Wir hatten uns mitten auf dem Marktplatz unsere Eisbahn präpariert. Sie war lang genug, um uns mindestens fünf, sechs Sekunden, wie auf Flügeln getragen, dahingleiten zu lassen.

Plötzlich war entferntes, rhythmisches Trommelschlagen zu hören. Aus der rasch anwachsenden Lautstärke ließ sich schließen, daß uns in Kürze eine Kundgebung bevorstand. In gespannter Erwartung harrte ich der Dinge, die da kommen würden. Die Menschen zogen sich in die dunklen, geschützteren Kolonnaden zurück, von denen der ganze Marktplatz umgeben war.

Als das Trommeln immer lauter wurde, suchten auch wir Schutz unter den Säulen und schlichen uns von dort zu der Ecke, wo die Marschierenden vermutlich gleich auftauchen würden. Plötzlich wurde das Trommeln eingestellt. Man konnte jetzt ganz deutlich das Geräusch der vielen im Gleichschritt marschierenden Stiefel hören. Als erstes bogen die Führer der Hitlerjugend um die Ecke, an ihrer Spitze zwei Fahnenträger, die das Hakenkreuzbanner durch die Luft schwangen. Ihnen folgten die Trommler, die in Kürze ihr rhythmisches Schlagen fortsetzen würden. Es war immer dieselbe Choreographie: Trommeln kündigten aus der Ferne die Parade an, zur Steigerung der Spannung schwiegen sie kurz, um dann auf dem Marktplatz den Auftritt des Zuges dramatisch zu untermalen.

Welch wunderbares Gefühl mußte es sein, schweigend durch die Stadt zu marschieren und sich am Ziel unter Trommelwirbel dem staunenden Publikum zu präsentieren: »Seht her, hier bin ich! Nehmt euch in acht!«

An diesem Tag konnte ich keine einzige Trompete entdecken. Statt dessen hielten die meisten Marschteilnehmer einen Schlagstock in der rechten Hand, wie er auch von der slowakischen Miliz benutzt wurde. Das war etwas Neues.

Bei jeder rhythmischen Armbewegung schienen die Stöcke den frischen Schnee am Boden fast zu streifen.

»Wozu so viele Knüppel?« fragten die Leute zaghaft. »Planen sie etwa ein Pogrom? An wem? Es gibt doch gar keine Juden mehr in der Stadt, nicht einen einzigen.«

Bei diesen Worten stellte sich bei mir wieder das vertraute, hohle Gefühl im Magen ein. Ich stellte mir vor, wie all diese gesunden, gut gekleideten Jugendlichen die Stadt nach Juden durchkämmten. Mit drohend geschwungenen Knüppeln würden sie sich verbissen auf die Suche nach einem Juden machen – einem beliebigen Juden, wenn's sein mußte, auch einem katholischen –, mit dem sie ihr tödliches Spiel treiben konnten. Die Wut darüber, daß sie keinen fanden, würde ihr gewalttätiges Gebrüll zusätzlich anheizen: *»Juden! Juden!«* Es klang wie eine Anklage, so, als hätten sich die Juden damit, daß sie allmählich in Vergessenheit gerieten, des schwersten aller Verbrechen schuldig gemacht. Weil sie nicht dafür taugten, sich ein zweites Mal töten zu lassen, hatten sie die Herrenrasse ihres Vergnügens beraubt.

»Vielleicht wollen sie uns nur einschüchtern«, wurde spekuliert, »damit wir die Partisanen nicht unterstützen.«

»Nach der willkürlichen Exekution so vieler Menschen mit Knüppeln drohen? Das ergibt doch keinen Sinn.«

»Die Ideen gehen ihnen aus.«

»Vielleicht meinen sie, daß uns Jugendliche mehr Angst einjagen.«

Die Trommeln beherrschten plötzlich wieder die Szene. Man konnte kein Wort mehr verstehen. Eine endlose Menschenschlange setzte sich in Marsch. Im Gleichschritt ging es im Uhrzeigersinn rund um den Marktplatz. Die Kolonnenführer waren schon lange an uns vorübergezogen, da war das Ende des Zuges immer noch nicht in Sicht. Erst als sich die Schlange um den ganzen Platz gewunden hatte, konnte man ihr Schwanzende sehen. Der Kopf marschierte auf der Stelle, um den Schwanz aufschließen und in Position gehen zu lassen. Auf Kommando standen plötzlich alle still, und trügerische Ruhe legte sich über den Platz.

Kurz darauf begannen die *»Sieg Heils«*. Der Anführer brüllte *»Sieg«*, die Masse antwortete im Chor *»Heil«*. Es handelte sich offensichtlich um dasselbe Heil, das üblicherweise in Verbindung mit *Hitler* gebraucht wurde.

Zum Finale gab es das Kommando, sich zu rühren, worauf sich die Marschierer breitbeinig aufbauten und die Schlagstöcke hinter dem Rücken umklammerten. Ich hielt nach dem Anführer Ausschau (vermutlich ein großgewachsener Junge mit besonders prächtiger Uniform), konnte ihn jedoch nicht entdecken. Irgendwo mußte einer sein, sonst hätte die Vorstellung doch nicht in so perfektem Gleichklang ablaufen können! Außer – aber das schien mir eher unwahrscheinlich –, sie hatten die ganze Inszenierung bis ins kleinste Detail im voraus geplant.

Trotz der Kälte trugen die Marschteilnehmer weder Mantel noch Hut, sondern nur Pullover über dem braunen Hemd. Sie wirkten alle sehr gesund. Als nächstes wurde eins von den populären deutschen Kriegsliedern gesungen, die für mich alle gleich klangen. Ich verstand den Text zwar nicht richtig, konnte aber deutlich die Worte »Kamerad«, »Krieg« und »Tot« identifizieren. Es wirkte komisch, daß sie ein Marschlied sangen, während sie entspannt herumstanden. Eigentlich gehörte da doch Bewegung dazu.

Das Singen wollte gar nicht mehr aufhören, und alle Lieder handelten vom unausweichlichen Tod auf dem Schlachtfeld. Mit jeder neuen Strophe wurden die Stimmen lauter, als versuchten die Sänger, gegen ihren eigenen Tod anzukämpfen. Mit ihren glühenden Gesichtern, den fest um klammerten Waffen, mit der geschwellten Brust und den gescheitelten blonden Haaren, wirkten sie auf mich wie *ein* Körper. Mit Entsetzen und Faszination verfolgte ich das Ritual.

Dann setzte wieder Trommelwirbel ein, der plötzlich von lauten Zwischenrufen übertönt wurde. Unter dem wilden Lärm gaben die Trommeln eine nach der anderen auf. Irgend etwas ging schief. Weil alle durcheinanderbrüllten, konnte ich die deutschen Wörter zuerst nicht verstehen. Als es ihnen gelang, ihre Stimmen zu koordinieren und, unterstützt vom Rhythmus des Knüppelschwingens, eine Parole zu skandieren, begann ich schockiert zu begreifen:

»Jesus war ein Judenkind! Jesus war ein Judenkind!«

Ein Zittern lief durch die Schlange, bevor sie sich in Einzelteile auflöste. Dann ging alles sehr schnell. Der Kopf und der Schwanz versuchten gleichzeitig, in die Gasse zur Zentralkirche einzudringen. Die Schlange brach in der Mitte auseinander, und die geballte Masse von Uniformen und Knüppeln strömte als wilder Haufen ihrem Ziel entgegen. Aus Wut darüber, daß die enge Allee ihren Vormarsch aufhielt, begannen sie, sich gegenseitig zu bedrängen und wegzustoßen.

Ein paar Sekunden war ich wie gelähmt vor Schreck, dann erweckte mich die unwiderstehliche Neugier auf den Ausgang des Dramas zu neuem Tatendrang. Es gab noch einen zweiten Weg vom Marktplatz zur Kirche. Zusammen mit vielen anderen rannte ich auf Umwegen dem vermeintlichen Ziel entgegen. Außer dem Lärm vom Marktplatz ließ nichts darauf schließen, welche Art Schauspiel uns anzog. Wir wären genausogut als eine Horde Fußballbegeisterter auf dem Weg zum Stadion oder als sensationslustiges Publikum durchgegangen, das der Ankunft eines Zirkus entgegeneilt.

Die alles überragenden braunen Kirchenmauern wiesen uns den Weg. Jenseits der Kreuzung konnte man sich zusammenrottende Uniformen mit Schlagstöcken erkennen. Die klare Luft trug ihre Parole deutlich hörbar zu uns herüber.

»Jesus war ein Judenkind! Jesus war ein Judenkind!«

Sie waren alle im Anmarsch, die kräftigen, gut gekleideten Mitglieder der Hitlerjugend. Während die Schlange unschlüssig vor dem Pfarrhaus herumlungerte und darauf wartete, daß der Rest aufschloß, verwandelte sie sich in einen wilden Mob. Je mehr Menschen dazustießen, desto unübersichtlicher wurde die Lage. Eifrige Zuschauer versuchten, die hohe Kirchhofmauer zu erklimmen. Obwohl mir der hartgefrorene Schnee die Finger aufriß, gelang es auch mir, auf die Mauerkrone zu klettern; gerade rechtzeitig, um die Pfarrhaustür unter dem Ansturm von Stiefeltritten und Stockschlägen aus den Angeln brechen zu sehen. Die ersten Jugendlichen drangen ins Haus. Ich mußte an die alte Frau denken, die uns damals – es war erst wenige Wochen her – die Tür geöffnet hatte.

Die Menge hielt den Atem an, als der Prälat auf die Straße geschleift wurde. Für den Bruchteil einer Sekunde bekam ich ein letztes Mal flüchtig den herrlichen, breitkrempigen Hut zu sehen, bevor er unter brutalen Knüppelschlägen für immer verschwand. Das Gejohle kannte keine Grenzen; diejenigen, die zu weit vom Ort des Geschehens entfernt waren, schienen darin ihre Ersatzbefriedigung zu finden.

Und so geschah es, daß ich aus sicherer Distanz Zeuge des Überfalls auf den Prälaten wurde. Ich habe ihn nie wiedergesehen und auch niemals gewagt, nach ihm zu fragen. An diesem Tag konnte ich nicht vermeiden, auf dem günstigsten Logenplatz, nämlich am Fenster unseres Hauses, Menschen wahrzunehmen. Meine Augen füllten sich plötzlich mit Tränen, und ich rannte, ohne mich noch einmal umzuschauen, zum Waisenhaus zurück. Ich fühlte mich diesem alten, freundlichen Mann so verbunden. Er war ein guter Mensch und hatte mich mit Wohlwollen behandelt. In der stillen Abgeschiedenheit unserer Kapelle kamen wie von selbst die schlichten Worte über meine Lippen: *»Requiescat in pace. Amen.«* (Ruhe in Frieden. Amen.) Und später, als mich Todesängste zu überwältigen drohten, flehte ich: *»A morte libera nos, Domine.«* (Vom Tode erlöse uns, oh Herr.)

Verstecken

Ein jeglicher unter Euch soll sein ein Schutz vor dem Wind.
Jesaja 32:2

Das Feldlazarett war nun betriebsbereit. Wir hatten den größten Teil des Kellers dafür freigeräumt und Sauerkrautfässer, Kartoffelvorräte und Berge alter Möbel weggeschleppt. Nachdem wir den Raum einer gründlichen Reinigung unterzogen hatten, wurden Feldbetten aufgestellt. Laken waren keine aufzutreiben, aber jedes Bett erhielt eine Decke. Die Decken waren so alt, daß die Desinfektionsversuche kaum von Nutzen schienen. Insgesamt fanden in dem ehemaligen Vorratskeller etwa vierzig Betten in zwei gegenüberliegenden Reihen Platz. Alles roch nach Sauerkraut. Ich mochte das, besonders, wenn ein Luftzug den Kohlengeruch aus dem benachbarten Kellerflügel herübertrug und sich beide Düfte vermischten. Die dicken Steinmauern waren feucht und moosbedeckt. Zwei von der hohen Decke herabhängende Glühbirnen waren die einzigen Lichtquellen.

Das städtische Krankenhaus war völlig überfordert vom ununterbrochenen Zustrom verwundeter deutscher Soldaten von der russischen Front. Da keine Züge mehr für einen Rücktransport nach Deutschland zur Verfügung standen, lagen die Verletzten auf den Fußböden der Krankenhausflure. Angesichts solcher Zustände war es nicht verwunderlich, daß unsere ersten Patienten noch vor der offiziellen Eröffnung des Feldlazaretts eintrafen.

Mit einem richtigen Krankenhaus konnte man das Lazarett kaum vergleichen. Es gab keine Ärzte, keinen Operationssaal und so gut wie keine Medikamente. Die Schwestern versorgten die Verwundeten mit Wasser, mit einer begrenzten täglichen Essensration, mit Verbandszeug und mit einer gelegentlichen Aspirintablette. Patienten, die nicht zur provisorischen Latrine laufen konnten, erhielten Nachttöpfe, die die Schwestern aufopferungsvoll entleerten. Alle Kranken wurden regelmäßig gewaschen.

Von Beginn bestand die Hauptfunktion des Lazaretts darin, den Verwundeten in der trostspendenden Umgebung ihrer Glaubensgemeinschaft das Sterben zu erleichtern. Die Schwestern verbrachten viele Stunden im Gebet mit den Patienten, und wenn der Tod nahte, riefen sie einen Priester, damit der Sterbende die letzte Ölung erhielt.

DIE VIERZIG BETTEN waren schnell belegt, trotzdem wurden jeden Tag weitere Verwundete eingeliefert. Manchmal kippten Lastwagen einfach eine Ladung Soldaten vor dem Waisenhaus aus und verschwanden wieder, ohne daß sich die Fahrer um die Unterbringung der Schwerverletzten kümmerten. Die Schwestern vermuteten, daß dies absichtlich so gehandhabt wurde, um die Aufnahme von Patienten zu erzwingen. Selbstverständlich würde kein Christ einen verwundeten Soldaten unversorgt vor der Tür liegen lassen. Leichter Verletzte schleppten sich in der Regel zu Fuß den weiten Weg von der Front in die Stadt und trafen meist völlig erschöpft und halb wahnsinnig vor Schmerzen bei uns ein.

Obwohl das Lazarett fast ausschließlich von deutschen Soldaten belegt war, nahmen mit der Zeit auch Patienten anderer Nationalität die Hilfe der Schwestern in Anspruch. Mit dem Näherrücken der Front gaben die Partisanen rund um Zilina ihre Deckung auf und ließen sich auf offene Scharmützel ein. Eines Abends - ich hielt zufällig gerade Krankenwache - bat uns zum ersten Mal ein verwundeter slowakischer Partisan um Aufnahme. Sein Bett wurde hinter einem Mauervorsprung verborgen. Die diensthabende Schwester nahm mich beiseite und schärfte mir ein, absolutes Stillschweigen über den Patienten zu bewahren, andernfalls würden uns die Deutschen möglicherweise alle erschießen. Bald folgten weitere Partisanen. Als sich die Kriegslage für die Deutschen zunehmend verschlechterte, wurden die Sicherheitsvorkehrungen jedoch allmählich gelockert.

Die Schwestern widmeten sich voller Hingabe dem Dienst an den Kranken. Um die Aufgabe zu bewältigen, bedurfte es zusätzlich der Hilfe aller verfügbaren Kräfte. Als inzwischen gläubiger Katholik stellte ich mich oft freiwillig für die Nachtschicht zur Verfügung. Es war ein entbehrungsreiches Unterfangen, und den nächtlichen Schlaf einfach zu überspringen, kostete mich eine Menge Kraft. Aber genau so hatte ich mir eine echte Aufgabe vorgestellt, und je härter die Arbeit war, desto mehr befriedigte sie mich. Eine Schicht bestand immer aus einer Schwester und einer Hilfskraft, meist einem der älteren Mädchen.

Gewöhnlich bat ich nach dem Abendessen Schwester C., mich für die Nachtschicht einzuteilen. Sie musterte mich dann jedesmal mit prüfendem Blick, als versuche sie ein Rätsel zu lösen, und versprach, bei Schwester K. ein gutes Wort für mich einzulegen. Nach kurzer Zeit - verdächtig kurzer Zeit - kehrte sie mit der Erlaubnis zurück. Es kam auch vor, daß Schwester C. auf meiner Nachtruhe bestand; aber im allgemeinen hatte sie keine Einwände.

Obwohl ich natürlich die eitle Hoffnung hegte, Schwester C. und die Schwester Oberin würden mein Engagement zu schätzen wissen, konnte ich doch nicht ahnen, welch tiefen Eindruck es bei ihnen hinterließ.

Sie deuteten es als ein Zeichen früher Heiligkeit – ein erneuter Beweis für die These des Prälaten. Daß die Barbaren ihn ermordet hatten, verlieh seinen Worten im Nachhinein um so mehr Gewicht. In jenen Nächten bei den sterbenden Soldaten schlug die Legende vom jüdischen Waisenkind, dem es bestimmt war, Papst zu werden, tiefe Wurzeln.

Längst hatte Eitergestank den Sauerkrautgeruch verdrängt. Die meisten Wunden waren infiziert, und da großer Mangel an Verbandszeug herrschte, mußten die gebrauchten Mullbinden ausgekocht und wiederverwendet werden. Ich führte lange Gespräche mit den Soldaten oder betete mit ihnen. Mein Deutsch verbesserte sich täglich, und der deutsche Text des Vaterunsers klang mir schon ganz vertraut.

Aus unerfindlichen Gründen hatten wir die meisten Todesfälle ausgerechnet während der Nachtschicht. Anfangs erschrak ich fürchterlich, wenn ich so plötzlich alles Leben aus einem Gesicht weichen sah, mit der Zeit gewöhnte ich mich aber an den Anblick. Falls gerade keine Schwester in der Nähe war, drückte ich dem Toten sogar die glasigen Augen zu. Manchmal glaubte ich exakt vorhersagen zu können, wann ein bestimmter Patient sterben würde, meist trafen meine Prognosen allerdings nicht zu. Ich war total fasziniert vom Tod. War diese Besessenheit vielleicht das eigentliche Motiv meiner freiwilligen Nachtschichten?

Im Prinzip hätte ich alle Deutschen hassen müssen. Schließlich hatten sie meine Großeltern, meine Onkel und Tanten, meine Vettern und zuletzt sogar meine Eltern abgeholt. Sie hatten alle Juden getötet, und falls sie Judith und mich fanden, würden sie auch uns noch umbringen. Selbst den Prälaten hatten sie ermordet. Trotzdem hegte ich eher zwiespältige Gefühle; die Deutschen galten gemeinhin als gesund, stark und siegreich. Die verwundeten Soldaten im Lazarett entsprachen so gar nicht diesem Bild. Sie litten unter starken Schmerzen, stöhnten den ganzen Tag und betrachteten stundenlang Photos von geliebten Angehörigen. Und dann starben sie. Ich konnte die SS, die Gestapo und Hitler, überhaupt die meisten Deutschen, einschließlich Hans, hassen, aber nicht die Patienten in unserem Lazarett. So betete ich mit ihnen, gab ihnen Wasser und ertrug den Eitergeruch, ohne sie jemals zu hassen.

Diese Beweise meines Mitgefühls entgingen natürlich auch nicht den beiden Schwestern, die man mit der Aufgabe betraut hatte, meine Entwicklung im Auge zu behalten. Und als es plötzlich galt, mich dringend zu verstecken, waren sie zur Stelle.

MAN VERGEGENWÄRTIGE SICH, welche Faszination von Versteckspielen ausgeht. Manchmal testet man die Intelligenz von Kleinkindern, indem man ihnen ein bestimmtes Objekt zeigt, es ihren Blicken unmittelbar danach wieder entzieht, in eine Schachtel legt und mit einem Tuch bedeckt. Ist die Bewegung nicht allzu abrupt, vermag das Kind dem Objekt bis zum Zeitpunkt des Verschwindens zu folgen. Aus den Augen, aus dem Sinn. Der Blick kehrt sofort zu dem Erwachsenen zurück, der den Trick vorgeführt hat. Das Objekt, so glitzernd und verführerisch es gewesen sein mag, existiert nicht mehr. Erst wenn sich das Kind über die totale Abhängigkeit von aktuellen Sinnesreizen hinaus entwickelt hat, gelingt es ihm, ein Bild des verschwundenen Objektes im Gedächtnis zu behalten. In dieser Phase beginnt die Suche nach dem Versteckten.

Es ist kein einziger Kulturraum bekannt, in dem Kinder nicht Versteck spielen. Die universale Anziehungskraft läßt darauf schließen, daß die dem Spiel immanenten Reize zentrale Punkte ansprechen. In erster Linie wird an den Verstand appelliert. Das Kind, das sich versteckt – die »Beute« –, muß vorausahnen können, wo der »Jäger« nach ihm suchen wird. Naheliegende Verstecke sind zu vermeiden. Das Problem dabei ist, daß dies auch dem Jäger bekannt ist. Kinder spielen gewöhnlich abwechselnd beide Rollen und lernen schnell, die Regeln der einen auf die andere zu übertragen.

Ein zweiter Reiz ist die knisternde Spannung, die das Beutetier beim Nahen des Jägers erlebt: jetzt nur keinen Laut von sich geben; den Atem anhalten, um der drohenden Entdeckung vielleicht im letzten Augenblick zu entgehen. Man gerät in eine Art Rausch, das Charakteristikum des Spielens schlechthin.

Unter einem bestimmten, gerade für meinen Fall relevanten Aspekt betrachtet, ist das Spiel prädestiniert für irreführende Rückschlüsse, da es in der Regel mit dem Erfolg des Jägers endet. Die Erfahrung lehrt, daß Verstecken das Unabänderliche allenfalls hinauszögert. So ähnlich argumentierte mein Vater jedesmal, wenn man uns dringend zum Untertauchen riet. Früher oder später würden die Deutschen jeden finden; ihre Jagd auf Juden war zu perfekt organisiert, als daß sie diese aufgrund eines zeitweiligen Verschwindens abgeblasen hätten.

EINES NACHMITTAGS taucht Schwester C. völlig außer Atem im Schlafsaal auf. Die Deutschen stehen bereits unten im Hof, für ausgefeilte Fluchtpläne bleibt keine Zeit. Schwester C. drängt alle Jungs zum sofortigen Verlassen des Raumes, zieht mich in die Zimmermitte und stopft mich, ohne zu zögern, in Hans' Bett. Dann wirft sie die schwere Steppdecke über mich, streicht sie sorgfältig glatt, um alle Spuren meiner Anwesenheit zu verwischen, und eilt davon. Es ist dunkel, und ich bekomme kaum Luft. Mein Herz rast, ich lechze nach Sauerstoff. Es ist alles so schnell gegangen, daß ich völlig die Orientierung verloren habe. In der Hektik hat mich Schwester C. mit dem Kopf ans Fußende des Bettes gelegt, so daß meine Nase jetzt dem beißenden Geruch schmutziger Füße ausgeliefert ist.

Ein paar Minuten vergehen, doch gerade, als ich mich wieder zu entspannen beginne, treten Stiefel die Tür auf, und die Jäger betreten die Szene. Es müssen mindestens zwei, vermutlich sogar drei, sein. Sie rufen etwas auf deutsch, das ich wegen der dämpfenden Wirkung der Steppdecke nicht verstehe. Dann höre ich eine weibliche Stimme: die Schwester Oberin? Schwester C.? Noch einmal deutsche Wörter, dann das Geräusch gegen Betten tretender Stiefel, ergänzt durch eines, das wie das mutwillige Herunterzerren von Decken klingt. Ich erstarre. Am liebsten würde ich jetzt tief einatmen und dann ewig den Atem anhalten, aber hier unten gibt es nicht genug frische Luft. Der Gestank wird langsam unerträglich, und ich beginne zu schwitzen. Während die Stiefel sich unaufhaltsam nähern, schießen mir absurde Details durch den Kopf. Warum ausgerechnet das Bett von Hans? Weil es zufällig in der Mitte steht oder weil die größte Decke darauf liegt? Oder vielleicht, weil Hans Deutscher ist? Es folgen besorgniserregendere Überlegungen: Wo ist Rudo? Vor allem, wo ist Judith?

Es ist nur noch eine Frage der Zeit, wann sie mich entdecken werden; so viel scheint festzustehen. Warum soll ich nicht einfach die Decke zurückschlagen und dem brennenden Verlangen nach Sauerstoff nachgeben? Wenn es sowieso sinnlos ist, wozu dann noch ersticken? Vielleicht lassen sie mildernde Umstände walten, wenn ich mich freiwillig ergebe. Welch idiotischer Gedanke; dies hier sind Deutsche!

Das ist beinahe so, als wolle man sich vor dem Tod selbst verstecken. Kann man sich vor dem Tod verstecken?

Hätte ich damals die Samarkand-Geschichte schon gekannt, wäre sie mir in diesem Augenblick unter der Steppdecke mit Sicherheit durch den Kopf gegangen. Jene Geschichte hat mich so beeindruckt, daß sie mir wohl für den Rest meines Lebens im Gedächtnis haften bleibt, und wenn ich in Versuchung gerate, in illusionären Gedanken zu schwelgen, fällt mir als warnendes Beispiel automatisch ihre erschreckend plausible Botschaft ein: Ein Mann schlendert über den Marktplatz, als ihm plötzlich der Tod mit drohender Gebärde gegenübertritt. In panischer Angst eilt der Mann hilfesuchend zu seinem Herrn. Der erteilt ihm folgenden Rat:

»Du mußt sofort nach Samarkand fliehen; so weit weg von hier kann der Tod dich unmöglich finden.«

Kurz darauf trifft der Herr auf der Straße den Tod und beschwert sich über die Drohgebärden, worauf der Tod entgegnet:

»Ich habe ihm nicht gedroht. Ich war nur verwundert, ihn heute hier anzutreffen, wo wir doch morgen eine Verabredung in Samarkand haben.«

Es war vermutlich mein Glück, daß ich die Samarkand-Geschichte damals noch nicht kannte; vielleicht sollte es untersagt werden, sie überhaupt zu erzählen.

ENDLICH ergreift die unsichtbare Schwester das Wort. Es folgt eine hitzige Auseinandersetzung, mit dem Ergebnis, daß der Vormarsch der Stiefel ins Stocken gerät. Die Stimmen scheinen sich Richtung Tür zu entfernen und dort unschlüssig zu verharren. Ich bekomme keine Luft und bin einer Ohnmacht nahe. Alles dreht sich im Kreis. Ich beschließe, bis zehn zu zählen und dann aufzugeben. Nach der

Hälfte beginne ich zu schummeln, indem ich immer langsamer zähle, als handle es sich um ein Spiel. Dann erwacht allmählich ein lange schlummernder Gedanke und bahnt sich zielsicher seinen Weg in mein Bewußtsein:

»Welche Sünde habe ich begangen, um eine solche Strafe zu verdienen?«

Das Faszinierendste am Phänomen Verstecken sind die daran gekoppelten, eigenartig komplexen Emotionen, zu denen ein ausgeprägtes Schuldgefühl zählt. Wir verstecken uns, wenn wir uns vor der Strafe für ein begangenes Unrecht fürchten. (Habe ich mich damals nach dem Streich mit dem Wasser nicht stundenlang im Badezimmer versteckt?) Dieser Umstand verschafft dem Jäger den entscheidenden Vorteil: Die Beute fühlt sich schuldig und betrachtet es als gerechte Strafe, gefaßt zu werden.

In der Emotionstheorie von James Lange, die sich in erster Linie auf das Phänomen Furcht konzentriert, wird argumentiert, daß jemand, der wegläuft, Angst haben muß. Könnte man nicht analog dazu die These aufstellen, daß jemand, der sich versteckt, schuldig sein muß!

Ich sehe mich also einer zusätzlichen Gefahr ausgesetzt: dem Bedürfnis des Schuldigen, sich der Bestrafung freiwillig zu stellen. Da ich das angenehme Gefühl der Erleichterung, das man nach Beichte und Buße verspürt, aus eigener Erfahrung kenne, drängt es mich um so heftiger, mich ein letztes Mal reinzuwaschen. Aber worin besteht meine Sünde? In meinem Judentum vielleicht? Ist mein arrogantes Beharren auf Weiterleben eine Sünde, wo doch alle anderen längst verschwunden sind? Oder meine Rachegelüste Hans gegenüber? Könnte es mit meinem guten Gedächtnis zusammenhängen? Habe ich in sündiger Weise versucht, aus dieser »Gabe« persönliche Vorteile zu ziehen? Und die Nachtschichten – steckt da vielleicht das eitle Bestreben dahinter, meine Unzulänglichkeit zu vertuschen?

Ich bin so tief in Gedanken versunken, daß mir erst nach geraumer Zeit dämmert, daß die Jäger verschwunden sind. Vorsichtig spähe ich unter der Decke hervor, ein Lichtstrahl erhellt die Finsternis, und meine Lungen füllen sich mit Glück.

Die Erleichterung währt jedoch nur kurz. Ich höre Schritte, und mir bleibt gerade noch Zeit, in mein Versteck zu kriechen, bevor sich die Tür öffnet. Dann wird die Steppdecke weggezogen, zum Glück von Schwester C., die mir zuflüstert: »Schnell, zieh dir deine Arbeitskleidung an und komm mit. Sie holen ihre Hunde und werden gleich wieder hier sein.«

Nein, nicht die Hunde. Bitte nicht die Hunde. Ich springe aus dem Bett, schnappe mir die stinkenden Fetzen, die ich während der Nachtschicht trage, und beginne, mich zu entkleiden. Ich weiß, daß Schwester C. mich beobachtet, und selbst in dieser Situation, während sich draußen die Jäger heranpirschen, versuche ich unter allen Umständen zu vermeiden, daß sie meinen beschnittenen Penis sieht. Ich wechsle zuerst das Hemd, in der Hoffnung, daß mir seine Länge helfen wird. Sie drängt mich zur Eile, und nach anfänglichem Zögern winde ich mich hastig aus Hose und Unterwäsche und ziehe mich um. Sie sammelt die herumliegenden Kleidungsstücke ein und stopft sie in den Schrank. Ich folge ihr durch vertraute Flure, die Kellertreppe hinunter, zum Lazarett. Dort übernimmt mich Schwester K. (weiß sie irgend etwas?) und zieht mich unverzüglich in die Ecke, wo über einem Gasbrenner das Verbandszeug ausgekocht wird. Ich halte nach Schwester C. Ausschau, aber sie ist verschwunden.

»Juri, achte darauf, daß das Wasser richtig gekocht hat, bevor du die Binden herausholst.«

»Ja, Schwester.«

Es ist Ewigkeiten her, seit ich das letzte Mal bei Tag im Lazarett gewesen bin, mir fällt allerdings kein großer Unterschied zu den Nächten auf. Tageslicht kann hier sowieso niemals eindringen. Der Geruch scheint bei Tag etwas schwächer zu sein, obwohl mir nicht einleuchtet, wieso. Trotzdem ist er immer noch intensiv genug, um sich überall festzusetzen. Er klebt an meiner Kleidung, schon nach einer einzigen Nachtschicht konnte ich die Sachen draußen nicht mehr tragen. Matejcik hätte mich aus der Klasse geworfen, und das Betreten der Kapelle wäre einem schändlichen Überfall auf den herrlichen Weihrauchduft gleichgekommen.

Plötzlich begreife ich: Man hat mich bewußt ausgerechnet hier unten versteckt. Die verwundeten deutschen Soldaten kennen und mögen mich, ein nicht zu unterschätzender Vorteil. Der Ort ist mir vertraut, so daß ich mich – im Unterschied zum gejagten Beutetier – völlig natürlich bewegen kann. Den Ausschlag für dieses Versteck aber dürfte der Eitergeruch gegeben haben, denn er würde die Hunde daran hindern, meine Witterung aufzunehmen. Dies war meine einzige Chance, den grausamen Bestien zu entgehen: Leichengeruch als perfekte Tarnung für einen »stinkigen Juden«.

In der Menge untertauchen ist oftmals die geschickteste Methode, um sich den Jäger vom Leib zu halten. Diesem Beispiel folgen die Gazellen der afrikanischen Savanne, die bei Gefahr innerhalb der Herde Schutz suchen. Dies funktioniert allerdings nur, wenn es der Jäger nicht auf eine bestimmte Beute abgesehen hat. In einem solchen Fall hängt das Glück des einen vom Pech des anderen ab.

Auf den Menschen bezogen, bietet dieses Modell die ideale

Voraussetzung für die Kultivierung von Schuldgefühlen. Zu dem wenigen, das Mutter über Auschwitz erzählte, gehörten die täglichen Selektionen von Tausenden von Körpern, mit denen die Gaskammern gefüttert wurden. Wenn man vor den Jäger Mengele trat, war es lebenswichtig, aufrecht zu gehen, sich die Wangen rot geschlagen zu haben, um gesund auszusehen, tief einzuatmen, um den Brustkorb zu erweitern, und vor allem, ihm nicht in die Augen zu schauen. Und dann konnte man nur noch hoffen, daß andere in der Reihe die Prüfung nicht bestanden und die Todesquote wieder einmal ohne einen selbst erfüllt würde.

Von dem Augenblick an, wenn die Löwin eine einzelne Gazelle als Beute anpeilt und zum offenen Angriff übergeht, spielt die Herde keine Rolle mehr. Sie wird ihre Beute erbarmungslos verfolgen, selbst wenn sich anderweitig günstigere Gelegenheiten ergeben. Sobald das Opfer erkennt, daß es Zielscheibe des Jägers geworden ist, entgleitet ihm jegliche Kontrolle über die Situation.

Die Samarkand-Geschichte schweigt sich über diesen Punkt aus. Möglicherweise hat sich der Mann, als er den Tod auf dem Marktplatz umherschweifen sah, noch unter die Masse zu mischen versucht. Eine Weile mag das sogar funktioniert haben – bis er ausgesondert wurde; gezeichnet für alle Ewigkeit.

»Warum gerade ich?« fragt die Frau nach Erhalt der ärztlichen Diagnose. Wer einmal vom Krebs gezeichnet ist, jenem gnadenlosesten und leisesten aller Jäger, für den bleibt nichts, wie es vorher war.

Ich beobachte die kochenden Mullbinden. Wasserblasen bahnen sich ihren Weg durch den zusammengepreßten Stoffklumpen, verdampfen an der Oberfläche und werden durch neue ersetzt. Allmählich verfärbt sich das Wasser, ein Zeichen, daß es ausgetauscht werden muß. Der volle Waschkessel ist viel zu schwer für eine Person. Man muß ihn zu zweit zur Latrine tragen, dort entleeren, am Wasserhahn auffüllen und dann den ganzen Weg zurückschleppen. Es dauert lange, bis das eiskalte Wasser zu kochen beginnt. Werden mich die Deutschen vorher aufgespürt haben? Es ist spannend, auf die ersten Kochblasen auf der Wasseroberfläche zu lauern. Aber bis dahin gibt es noch eine Menge zu tun, und es kann noch eine Menge geschehen.

Falls sie tatsächlich mit ihren Hunden zurückkommen, ist das ein untrügliches Zeichen dafür, daß sie genau wissen, wen sie suchen. Als verlängerter Arm des Jägers, verfolgt der Hund eine speziell gekennzeichnete Beute. Hat jemand Judith und mich an die Deutschen verraten? Etwa jener Hans mit den Schweißfüßen? Oder hat sich der Kommandant an das Geheimnis erinnert, das er am Weihnachtsabend gelüftet hat? Vielleicht hat er zuvor schlechte Nachrichten aus der Heimat erhalten oder in betrunkenem Zustand zu viel ausgeplaudert. Es gibt unzählige Möglichkeiten, und da mich allmählich warmer Dampf und das gleichmäßige Blubbern kochenden Wassers einlullen, gebe ich weitere Nachforschungen auf.

Wie Ahabs Verlangen nach dem weißen Wal, so geriet auch diese Jagd zur Zwangsvorstellung. Der Gedanke, daß irgend wo im verwüsteten Europa noch ein paar jüdische Kinder frei herumliefen, brachte die Herrenrasse zur Raserei, und die Ausrottung der Beute genoß scheinbar höhere Priorität, als den Krieg zu gewinnen. Laßt die verwundeten deutschen Soldaten ruhig zu Fuß ins Lazarett von Zilina gehen, die Züge werden für Transporte nach Auschwitz benötigt! Der Jäger, wie Ahab, gibt selbst im Angesicht des drohenden Untergangs nicht auf.

»Natürlich sind Sie zurückgekommen«, beantwortete Schwester C. am nächsten Morgen meine diesbezügliche Frage. »Hattest du etwas anderes erwartet?«

»Mit Hunden?«

»Ja, mit Hunden.«

»Und was ist passiert?« Ich machte mir Sorgen um Judith. Ich wußte, daß mit Rudo und Fischer alles in Ordnung war, und obwohl ich Judith nicht bei der Morgenandacht gesehen hatte, war ich zu feige, mich direkt nach ihr zu erkundigen. Alle anderen waren zum Frühstück gegangen, nur Schwester C. und ich hielten uns noch im Schlafsaal auf. Warum sollte sie mir antworten? Wie konnte ich annehmen, daß sich Schwester C. ausgerechnet mit einem ihrer jüngsten Zöglinge auf ein Gespräch einlassen würde? Glücklicherweise konnte sie der Versuchung, die spannende Geschichte loszuwerden, nicht widerstehen.

»Die Schwester Oberin hat sie einfach nicht hereingelassen. Sie hat sich am Eingang aufgebaut und war keinen Zentimeter wegzubewegen. Der Gruppenführer mußte notgedrungen den Rückzug befehlen. Es dauerte nicht lange, bis sie erneut auftauchten, dieses Mal mit einem ranghöheren Offizier an der Spitze. Die Schwester Oberin hielt noch immer die Stellung, aber das Schwein schubste sie einfach beiseite.«

Atemlos hielt sie inne, und ich befürchtete schon, sie sei meiner Fragen überdrüssig. Aber ich irrte.

»Alle Schwestern wollten gemeinsam eine Türblockade bilden, doch die Schwester Oberin lehnte diesen Vorschlag ab, weil dies ihrer Meinung nach zu gefährlich für das Kloster war. So konnten wir nichts weiter tun, als die Ereignisse aus sicherer Entfernung zu verfolgen.«

»Wo waren die Hunde?«

»Vor dem Tor. Sie lauerten zähnefletschend auf ihr Angriffskommando. Aber die Schwester Oberin gebot ihnen Einhalt.«

»Wie denn?«

»Ich weiß es nicht. Als die drei Hundeführer mit ihren Bestien einzudringen versuchten, rief ihnen die Schwester Oberin etwas zu, das sie veranlaßte, auf dem Absatz kehrt zu machen und zu verschwinden.«

Es konnte sich demnach nicht um die Gestapo gehandelt haben, denn die würde nichts auf der Welt aufhalten. Was mochte sie wohl gesagt haben, um die Jäger zur Aufgabe zu bewegen? Und warum hatte sie es getan? Warum setzte sie sich und das gesamte Kloster um unseretwegen einer solchen Gefahr aus?

Die Faszination des Versteckens verblaßt im Vergleich zur Rätselhaftigkeit des Mutes, besonders, wenn sich beide ergänzen. Wenn die Furcht uns zum Weglaufen treibt und die Vernunft Bleiben diktiert, wenn der Körper befiehlt, tu es nicht, und die Seele erwidert, tu es, dann ist im immerwährenden Kampf zwischen dem Mut und seinem allgegenwärtigen Gegner, der Furcht, ein Gleichgewicht hergestellt.

»Sie werden wiederkommen, Juri. Sie werden mit Sicherheit immer, immer und immer wiederkommen.«

Im März 1945 neigte sich die Waagschale Zukunft noch stets in Richtung des Jägers.

Die Glocke

Geheimnisvolle Stille erst an unser Ohr gelangt.
Und in dem Schweigen nun uns vor dem Sturme bangt.

John Dryden, Astraea Redux

Am 30. April 1945 kam ich gerade noch einmal mit dem Leben davon. In den vorausgegangenen Wochen war die deutsch-russische Front bis auf wenige Kilometer an Zilina herangerückt. Wir wußten noch nicht, daß der Krieg praktisch vorüber war und daß selbst Berlin kapituliert hatte, doch auch hier bezweifelte niemand mehr, daß die endgültige Niederlage der Deutschen unmittelbar bevorstand. Zilina schien eine der letzten isolierten Inseln deutscher Gegenwehr zu sein.

Eine bunte Mischung aus deutschen und russischen Soldaten sowie slowakischen Partisanen bevölkerte inzwischen das improvisierte Klosterlazarett. Einer lag neben dem anderen, und einer starb neben dem anderen. Längst hatten es die Schwestern aufgegeben, die verwundeten Kriegsgegner voneinander zu trennen.

Die Partisanen standen kurz vor Zilina und kontrollierten die wichtigste Bergkette nördlich der Stadt, einschließlich des höchsten Berges der Region. Durch die Eroberung des Berges Duban hatten die Partisanen jedes beliebige Ziel im Visier und nahmen den Gegner Tag und Nacht unter Dauerbeschuß. Man konnte den Ablauf der Angriffe anhand des Gefechtslärms nachvollziehen: Den Anfang machten die Baßtöne einer entfernten Explosion, es folgten einige Sekunden Pause, dann hörte man das Zischen durch die Luft fliegender Granaten und schließlich den ohrenbetäubenden Knall einschlagender Geschosse. Während jener letzten Kriegstage lebten und schliefen wir im Vorratskeller, in unmittelbarer Nähe der restlichen Sauerkrautfässer. Das Lazarett war zwar im Kellerflügel gegenüber untergebracht, aber der alles durchdringende Eitergestank kannte keine Grenzen.

Eines Tages brach der Dauerbeschuß urplötzlich ab. Von einer Sekunde zur nächsten wurde es totenstill. Da wir keine Ahnung hatten, was draußen vorging, jagte uns die ungewohnte Stille Angst ein.

Ich habe einmal in Ostafrika eine ganz ähnliche Erfahrung gemacht. Kurz vor Sonnenuntergang, jener gefährlichsten aller Tageszeiten, hörten wir ganz in unserer Nähe einen Leoparden umherstreifen. Unter den Tieren und Vögeln brach hysterisches Warngeschrei aus. Dies dauerte bis zu dem Zeitpunkt, als ihnen mit zunehmender Dunkelheit klar geworden sein muß, daß sie den genauen Standpunkt des Leoparden aus den Augen verloren hatten. Als dies geschah, trat von einer Sekunde zur nächsten völliges Schweigen ein. Die Spannung jener gespenstischen Stille wurde zusätzlich gesteigert durch das Wissen um die nahe Gefahr.

Mittlerweile waren drei Tage vergangen, ohne daß ein einziger Schuß abgefeuert worden war. Die Mittagszeit rückte näher. Wieder würde ein Tag ohne Glockenläuten vergehen. Die Glocken des Waisenhauses waren ein fester Bestandteil des täglichen Lebens von Zilina. An Werktagen wurde dreimal pro Tag geläutet, an Sonn- und Feiertagen häufiger. Unser Glockenturm war das höchste Gebäude der Stadt. Es gab zwei Glocken unterschiedlicher Größe, von denen sich die schwerere nur mit äußerster Kraft läuten ließ. Selbst wenn ich mich an den dicken Strick hängte, schaffte ich es nicht ohne fremde Hilfe, sie zum Schwingen zu bringen. Es bedurfte eines wesentlich kräftigeren Körpers, um sie in Bewegung zu setzen. War der Start erst einmal geglückt, bereitete es kaum Probleme, sie in Schwung zu halten. Es galt als besondere Auszeichnung, die Glocken läuten zu dürfen. Ich war schon überglücklich, wenn man mich als Helfer mitgehen ließ. Sowohl die Glocken selbst als auch ihr Klang strahlten etwas Mächtiges, Prachtvolles aus. In luftiger Höhe am schweren Tau zu hängen, durch die Kraft der Glocke nach oben zu schnellen und sie mit eigener Kraft herunterzuziehen – das war die reinste Wonne. Ab und zu nahm mich einer der älteren Jungs mit nach oben, und während er die schwere Glocke läutete, kümmerte ich mich um die kleinere. Sie hatte einen helleren Klang und einen kürzeren Schwungkreis, der es mir ermöglichte, zwischen den schweren, tiefen Tönen jeweils zweimal zu läuten. Ich versank so tief in diesem Duett, daß ich alles andere vergaß: wer ich war, wo ich war und was um mich herum geschah. Ich glaube, daß mich das Schweigen der geliebten Glocken stärker beunruhigte als der ununterbrochene Gefechtslärm.

Ohne ersichtlichen Anlaß kamen Rudo und ich plötzlich auf die Idee, uns aus dem Keller zu stehlen, die steile Wendeltreppe des Glockenturms hinaufzuklettern und um genau zwölf Uhr mittags, zur üblichen Zeit, die Glocken zu läuten. Nach dem langen Aufenthalt im schlecht beleuchteten Keller blendete uns draußen das Licht eines strahlenden Frühlingstages. Totenstille umgab uns, als wir zum Turm hinaufstiegen. Der Marktplatz war menschenleer – so ausgestorben hatte ich ihn nie zuvor, nicht einmal bei Nacht, gesehen. Wir erreichten die Turmspitze um genau eine Minute vor zwölf. Die Uhr hing unterhalb der Glocken, und wenn man sich über die Mauerbrüstung lehnte, konnte man ihre Zeiger berühren. Eine Minute blieb uns noch zum Verschnaufen.

Da wir beide Leichtgewichte waren, beschlossen wir, uns gemeinsam an das schwere Tau zu hängen. Wir klammerten uns daran fest, stießen uns mit den Füßen von der obersten Stufe ab und schwangen uns durch die Lüfte hoch über der Stadt. Unser beider Gewicht zeigte zwar Wirkung, bis der erste Glockenschlag erklang, bedurfte es allerdings einer ganzen Reihe weiterer Gewaltsprünge. Als es endlich gelang, ließ ich das Tau sofort los, um die kleine Glocke in Bewegung zu setzen. Ein paar Sekunden später läuteten beide Glocken fröhlich um die Wette, als sei dies die selbstverständlichste Sache der Welt.

Plötzlich das Zischen einer Granate, unmittelbar gefolgt von einer schweren Explosion direkt auf der Turmspitze. Bevor wir überhaupt begriffen, was passiert war, schleuderte uns eine gewaltige Druckwelle durch die Luft. Glücklicherweise landeten wir im Treppenhaus. Alles war mit einer dicken Staubschicht bedeckt. Als die Glocken endlich schwiegen – warum dauert es so lange, bis sie zur Ruhe kommen – und wir uns allmählich vom ersten Schock erholt hatten, bemerkte ich, daß ich blutete. Ursache war zwar nur ein unbedeutender Schnitt im Finger, es steckte jedoch ein winziger Granatsplitter in der Wunde. Nach einer Weile gespannten Wartens nahmen wir all unseren Mut zusammen, hasteten die Treppe hinunter und verschwanden im Keller. Die Waffen ruhten wieder. Das bemerkenswerte an der Geschichte ist, daß diese eine Granate, die das Glockengeläut beantwortete, die letzte war, die auf Zilina abgefeuert wurde, und obwohl mich die Realität eines Besseren belehrt hat, rede ich mir gerne ein, daß dies der allerletzte

Schuß auf den europäischen Kriegsschauplätzen überhaupt war.

Was hatte der Schuß zu bedeuten – wenn er denn etwas zu bedeuten hatte? Wozu die Glocken zum Schweigen bringen? Hatte irgendein Kommandant der Gebirgstruppe Feuerbefehl erteilt, oder hatte ein unwiderstehlicher Impuls aus den Tiefen einer kampfesmüden Seele den Schuß ausgelöst? Hatte man dort oben auf dem Berggipfel das plötzliche Glockenläuten als eine Art Widerstand interpretiert? War geplant, die Glocken bis zum Moment der offiziellen Befreiung schweigen zu lassen?

In einer seiner wunderbaren Geschichten beschreibt Laurens van der Post auf subtile Weise die Charakterwandlung des japanischen Kommandanten eines Kriegsgefangenenlagers. Dem ständigen Terror der Insassen ausgesetzt, kennen Haß und Foltermethoden dieses Offiziers keine Grenzen. Eines Nachts ändert sich unter dem Einfluß des Vollmonds jedoch vollkommen sein Charakter. Da auch ich, nach Aussage meiner Mutter, vom Vollmond verwandelt wurde, stelle ich mir oft den Soldaten vor, der wie Othello ausgerufen haben muß: »Bringt die grausame Glocke zum Schweigen!« bevor er aus einem inneren Zwang heraus in die Richtung ihres Klanges schoß.

AM NÄCHSTEN MORGEN wachte ich zur gewohnten Zeit auf, obwohl die Morgenandacht abgesagt worden war. Man hielt es für zu gefährlich, die im Keller garantierte körperliche Sicherheit gegen die in der Kapelle winkende geistige Sicherheit einzutauschen. Die absolute Ruhe, die an diesem Morgen über der ganzen Stadt lag, hatte etwas Beunruhigendes und Vielversprechendes zugleich an sich, zumal wir während der Nacht vom Lärm durchfahrender Militärkonvois wachgehalten worden waren. Es konnte sich dabei sowohl um den Rückzug der Deutschen als auch um die Ankunft der Russen gehandelt haben. Die Ungewißheit ließ das lange Warten zu einer harten Geduldsprobe werden, meine Neugier war kaum noch zu bändigen. Sich auf die Straße zu wagen kam nicht in Frage, und nach einem zweiten Glockenturmabenteuer war mir ebensowenig zumute. Blieb als letzte Möglichkeit, sich ins zweite Stockwerk hoch zu schleichen, um von einem der winzigen Fenster aus auf den Marktplatz zu spähen. Ein Blick hinaus sagte mir, daß eben erst die Dämmerung hereingebrochen war; auf dem Marktplatz war keine Menschenseele zu sehen. Nach der feuchten, stickigen Nacht im Keller verspürte ich ein brennendes Verlangen nach frischer Luft. Also öffnete ich behutsam das Fenster und genoß die belebende Wirkung der eiskalten Brise.

Plötzlich durchbrach ferner Hufschlag die Stille. Seltsam! Was hatte ein Pferd so früh am Morgen mitten auf einem Schlachtfeld zu suchen? Das Pferdegetrappel schien sich von rechts dem Marktplatz zu nähern. Gespannt hielt ich den Atem an. Wie Schläge hallte es hundertfach in den leeren Kolonnaden wider; es klang plötzlich, als würden jeden Moment aus allen Himmelsrichtungen Reiterscharen einfallen.

Dann brach das Geräusch abrupt ab, als hätte jemand die Pferde angehalten. Ein paar Sekunden später sah ich einen einsamen Reiter in grüner Uniform auf dem Marktplatz auftauchen – eine gespenstische Erscheinung. Der Reiter wendete sein Pferd und bewegte sich in langsamem Trab auf die Platzmitte zu. Erhobenen Hauptes auf seinem Schimmel sitzend, das Gewehr lässig über die Schulter geworfen, bot er ein Bild der Würde und der Unerschrockenheit: Ohne Deckung trotzte er der Gefahr, zur Zielscheibe eines einsamen Heckenschützen zu werden. Und dabei ritt er seinen Schimmel auf eine Weise, als beherrsche er die ganze Stadt.

Erst als der Reiter dicht am Waisenhaus vorbeikam, erkannte ich die russische Uniform. Bisher war sie mir nur in blutigem Zustand bei den Soldaten im Lazarett begegnet. Endlich konnte ich sie in voller Pracht bewundern. Ich wollte für alle hörbar ausrufen: »Die Rote Armee ist hier! Wir sind befreit! Der Krieg ist aus!« Aber mit dem lebendigen Beweis so dicht vor Augen, brachte ich vor Erregung kein Wort über meine Lippen. Erst als der Reiter seine Runde um den Marktplatz beendet hatte und in der Finsternis verschwand, wagte ich, meinen Beobachtungsposten zu verlassen, um die Neuigkeit im Keller zu verbreiten.

Leider geriet mein Lagebericht in der Aufregung zu einem zusammenhanglosen Gestammel, so daß mir keiner der Jungs glaubte. Schwester C. fand meine Schilderung immerhin beeindruckend genug, um die Schwester Oberin zu konsultieren. Stundenlang passierte gar nichts; es blieb so ruhig wie in den vergangenen Tagen. Inzwischen hielten alle meine Geschichte vom einsamen Reiter auf dem Schimmel für blanke Erfindung.

Gegen zehn Uhr war dann plötzlich der Teufel los. Hunderte von Panzern und Truppentransportern rollten aus allen Richtungen in die Stadt. Es war wirklich die Rote Armee und weit und breit kein einziger Deutscher mehr in Sicht. Die Bevölkerung begrüßte die Sieger mit Blumen und dem traditionellen Brot und Salz. Die Soldaten verteilten Bonbons und Schokolade und ließen die Kinder die riesigen Panzer erklimmen. Zur Mittagszeit herrschte überall auf den Straßen Karnevalsstimmung mit Musik, Tanz und Lebensfreude. Die Rote Armee hatte ihren siegreichen Einmarsch bewußt bis zu diesem Morgen hinausgezögert: es war der erste Mai, einer der höchsten russischen Feiertage.

Ich werde die Erleichterung und die überschäumende Freude niemals vergessen, die sich auf den Gesichtern der Menschen spiegelte. Den ganzen herrlichen Frühlingstag über hielt ich nach dem Offizier mit dem Schimmel Ausschau, konnte ihn jedoch nirgendwo entdecken. Und ich sah auch noch keinen einzigen der zahllosen Verschleppten, die im Gefolge der Befreiungsarmee vom nächsten Morgen an zu Tausenden in der Stadt eintreffen sollten.

Warten

»Hoffnung« ist das Ding mit Federn –
Das sich in der Seele einnistet –
Und die Melodie ohne Worte singt –
Und niemals aufgibt – niemals –

Emily Dickinson

Es war unmöglich, alle Zufahrtswege zur Stadt im Auge zu behalten. Die meisten Verschleppten kamen von der russischen Front; eine nicht enden wollende Menschenschlange strebte entlang der staubigen Straße der Stadt entgegen. Ich verbrachte viele Stunden damit, sie schweigend zu beobachten. Die Schwachen und Verwundeten aller Nationen hatten sich auf Wanderschaft durch das verwüstete Europa begeben. Das schleppende Fortbewegungstempo der Prozession erweckte den Eindruck enormer Müdigkeit. Die Tatsache, daß fast alle Straßen und Brücken zerstört waren, ließ jeden Meter Raumgewinn zu einer Frage des Durchhaltevermögens werden. Der Hunger trieb die Menschen vorwärts, und die Aussicht auf eine heiße Suppe ließ sie stundenlang geduldig vor der Essenausgabe des Roten Kreuzes Schlange stehen. Wer ein Gefäß besaß, das sich auch nur annähernd als Eßgeschirr eignete, hütete es wie einen kostbaren Schatz. Andere Besitztümer trugen jene seltsamen Reisenden kaum bei sich – von einer alten Decke oder einem Paar Stiefel gelegentlich einmal abgesehen. Wie ihre Urahnen, die unseren Planeten aus existentieller Not durchstreiften, so reisten auch die Zeugen von Auschwitz mit leichtem Gepäck.

Tag für Tag suchte ich unermüdlich nach einem Lebenszeichen von Apuka und Anyuka. Es war so gut wie unmöglich, nach beiden gleichzeitig Ausschau zu halten, was – aus mir unerfindlichen Gründen – in der Regel dazu führte, daß ich mich automatisch auf die Suche nach meiner Mutter konzentrierte. Sich auf die Beobachtung von Frauen zu beschränken, erleichterte die Aufgabe zwar rein theoretisch, die meisten Flüchtlinge waren jedoch kahlgeschoren und furchtbar mager, so daß man kaum zwischen weiblichem und männlichem Geschlecht zu unterscheiden vermochte. Würde ich meine Eltern überhaupt wiedererkennen? Meine krampfhaften Versuche, sie mir bildlich vorzustellen, mißlangen meist kläglich; der Lauf der Zeit hatte die Konturen ihrer Gesichter verschwimmen lassen. Der Gedanke, daß ihr Bild unweigerlich bis zur Unkenntlichkeit verblassen würde und mir keine Erinnerung an sie bliebe, falls sie nicht zurückkehrten, versetzte mich in Panik. Je mehr ich mir den Kopf zerbrach, um so schlechter konnte ich sie mir vorstellen.

Die einzige Methode, mit der es mir wenigstens zeitweilig gelang, die Eltern vor meinem geistigen Auge wieder auferstehen zu lassen, war, komplette Episoden aus der Vergangenheit gedanklich durchzuspielen. Ich rief mir zum Beispiel einen typischen Sonntagvormittag ins Gedächtnis: Apuka kam üblicherweise erst Samstag nachts nach Hause, und wenn ich morgens aufwachte, wußte ich im ersten Augenblick nie genau, ob ich ihn tatsächlich mit Anyuka flüstern hörte, oder ob ich noch vom vergangenen Sonntag träumte. Erst wenn er Judith und mich zu sich ins Schlafzimmer rief, war ich überzeugt, daß er wirklich zu Hause im Bett lag. Wir krochen dann gewöhnlich unter seine Decke und gingen gemeinsam die abgelaufene Woche durch. Da Anyuka zuvor ausreichend Gelegenheit gehabt hatte, von meinen Untaten zu berichten, stand mir in Kürze Apukas Standpauke bevor. Es war für Mutter nicht leicht, in Vaters Abwesenheit zwei Kinder zu erziehen, und wenn wir sie zur Verzweiflung brachten, warnte sie uns gewöhnlich: »Wartet nur, wenn Apuka nach Hause kommt – er wird euch ordentlich bestrafen!« Im Lauf der Woche vergaß sie unsere Missetaten allerdings meist wieder oder stellte sie am Wochenende als Lappalie dar, so daß sich Apukas heiliger Zorn in der Regel in Grenzen hielt. Vater konnte nie richtig böse werden, wenn wir an jenen herrlichen Sonntagen zu viert im Ehebett lagen.

Jahre später, als Kohle knapp geworden war, übernahm ich freiwillig die Aufgabe, dieses Bett an Winterabenden für Anyuka anzuwärmen. Wenn das anfängliche Zittern überstanden war und eine angenehme Wärme durch meinen Körper strömte, überließ ich Mutter das Bett, huschte in mein Zimmer und kroch unter meine eigene kalte Decke, wo das Zittern aufs Neue begann.

Auf dem Nachttisch neben Apukas Betthälfte lagen immer die Nadeln für seine Insulinspritzen. Ich wußte, daß sich Vater einmal täglich Insulin spritzen mußte, aber es bedurfte all meiner Überredungskunst, bis er mich endlich einmal dabei zuschauen ließ. Er zog seine Hose herunter und zeigte mir die vielen Einstichpunkte. Dann nahm er einen Wattebausch, öffnete ein Fläschchen wunderbar riechenden Alkohols, rieb eine bestimmte Stelle auf seinem Oberschenkel mit der getränkten Watte ab, durchstieß mit einer Nadel die bereitliegende Insulinampulle, zog die klare Flüssigkeit in die Spritze auf, wobei er sorgfältig die exakte Menge abmaß, ließ das überschüssige Insulin in hohem Bogen herausspritzen und stieß sich ohne Vorwarnung die Nadel ins Fleisch. Es ging alles blitzschnell und bewirkte bei mir, daß ich mich mein Leben lang nicht vor Spritzen gefürchtet habe.

Wenn ich mich auf Erinnerungssuche begab, konnte ich jenen Sonntagsfilm zwar beliebig oft mit allen Details abspulen und die Eltern ihre Rolle darin spielen lassen, es gelang mir jedoch niemals, die Bilder anzuhalten und ein statisches Porträt zu fixieren. Jede von mir aufgeschlagene Episode entwickelte ein Eigenleben, das Eingriffe des Betrachters nicht zuließ. Manchmal versuchte ich, den Film an einer bestimmten Stelle zu stoppen, um ein schärferes Bild der Eltern zu erhalten. Doch sofort verschwammen unweigerlich alle Konturen, und es gab nur eine Möglichkeit, die Vision wieder aufleben zu lassen, nämlich, den ganzen Film noch einmal von vorn abzuspulen.

Warum hatten die Eltern mir zum Abschied kein Photo von sich geschenkt? All die Monate hatte ich mich verzweifelt nach einem greifbaren Bild gesehnt. Wie tröstlich wäre es nach dem Aufwachen gewesen, die Eltern betrachten zu können; oder auf dem Schulweg, kurz vor der gefährlichen Kreuzung; oder während des Unterrichts. Ich hätte das Photo einfach in meinem Notizbuch verstecken und ab und zu einen verstohlenen Blick darauf werfen können, ohne daß es Matejcik aufgefallen wäre. Und wie sehr hätte es gegen Hunger, Trauer und Einsamkeit geholfen. Ich hätte das Bild mit Küssen und Tränen bedeckt und es zu meinem wertvollsten Besitz erkoren. Aber die Eltern hatten es vorgezogen, mir kein Photo zu überlassen, und ich war damals zu jung und zu töricht, um beim Abschied daran zu denken und sie um eines zu bitten.

Waren die Eltern von der Annahme ausgegangen, daß es ein Abschied für immer sein würde und es mir leichter fiele, den Verlust zu verschmerzen, wenn kein sichtbarer Beweis ihrer Existenz übrig bliebe? War dies ein schlüssiges Argument? Oder ließen sie sich an jenem Tag unserer Aufnahme ins Waisenhaus ganz von dem Gedanken leiten, den

Abschied so leicht wie möglich zu machen? Leicht für wen? In jedem Fall handelte es sich um ein Argument von allenfalls temporärer Gültigkeit. Schließlich verliert selbst die schmerzlichste Episode mit der Zeit an Kraft, bis sie eines Tages ganz verblaßt. Und es ist gar nicht so sehr die Zeit selbst, die für dieses schrittweise Absinken des emotionalen Niveaus verantwortlich ist, sondern eher unsere krampfhaften Versuche, über etwas hinwegzukommen. Ist es nicht eigenartig, daß wir ausgerechnet dadurch, daß wir dasselbe Drama im Geist immer und immer wieder durchleben, seine Reizschwelle graduell bis zur Gleichgültigkeit herabsetzen? Dabei könnten jene einzigartigen Erfahrungen uns im täglichen Überlebenskampf eine wertvolle Stütze sein, wenn es gelänge, ihren emotionalen Reiz zu konservieren.

Hatten meine Eltern Photos von meiner Schwester und mir mitgenommen? Wenn ja, würden sie uns anhand derselben wiedererkennen? Beim letzten Treffen mit meiner Schwester war ich ganz verblüfft, wie sehr sie sich verändert hatte. Sie war unglaublich gewachsen und hatte trotz ihrer Magerkeit voll entwickelte Brüste. Und wie stand es mit mir? Sah ich anders aus als früher? Ich hatte das Gefühl, mich völlig verändert zu haben. Aber wie wirkte sich das auf mein Äußeres aus? Angesichts meines gegenwärtigen Zustandes konnte ich es mir kaum noch vorstellen, einmal der nette, wohlerzogene Junge aus gutem Hause gewesen zu sein. Meine Brille war bei einer Schlägerei zu Bruch gegangen und niemals repariert worden. Meinen kahlgeschorenen Schädel bedeckte der Schorf einer im Waisenhaus kursierenden Hautkrankheit. Ich bestand nur noch aus Haut und Knochen, war unterernährt, hatte chronisch entzündete Augen und eine ständig tropfende Nase. Längst besaß ich keine Taschentücher mehr und behalf mich statt dessen mit den Fingern der rechten Hand. Und doch war diese elende

Gestalt immer noch ich. Sie würden mich sicher wiedererkennen.

Was aber, falls sie *niemals* zurückkehrten? Welch sündiger Gedanke! Es ist eine Sünde, sein Vertrauen in Gott zu verlieren und die Hoffnung aufzugeben. Ich erinnerte mich genau an die entsprechenden Worte des Priesters. Wie alle anderen Versuchungen, so lauert auch dieser sündige Gedanke darauf, uns zu überfallen, wenn wir am wenigsten mit ihm rechnen. Der Überraschungseffekt erschwert eine wirkungsvolle Verteidigung, und noch ehe wir den Gedanken verworfen haben, hat er schon seine Spur, eine Kerbe in unserer Seele hinterlassen. Dies mußte das Werk des Teufels persönlich sein, und als demütiger Christ bekreuzigte ich mich jedesmal vorsichtshalber. Leider half es nicht immer, und die Zweifel, ob meine Eltern jemals wiederkehrten, nagten an meinem Bewußtsein, als wollten sie den Boden für den letzten vernichtenden Überfall bereiten.

»Niemals« ist ein schreckliches Wort. Es wird häufig gebraucht, um die Qualen der Hölle zu definieren. Die Sünder sind auf ewig dorthin verbannt, *niemals* erhalten sie eine erneute, eine zweite Chance. Wie lange dauerte *niemals*? Bei Anyuka waren selbst die ausgedehntesten Strafen nach ein paar Tagen überstanden. Dauerte *niemals* sehr viel länger? Nachdem ich von Jozo einmal besonders übel verprügelt worden war, hatte ich mir geschworen, ihm *niemals* zu vergeben. Inzwischen war eine Ewigkeit vergangen, und ich erinnerte mich nicht einmal mehr an den Anlaß unserer Schlägerei. Für ein Kind ist *niemals* entweder etwas zeitlich Begrenztes oder etwas gänzlich Unbegreifliches. Als der Gedanke, meine Eltern möglicherweise niemals wiederzusehen, mir zum ersten Mal durch den Kopf schoß, beschränkte sich meine Vorstellungskraft auf ersteres, bei näherer Betrachtung jedoch gewann letzteres schnell die Oberhand.

Die Tage verstrichen, und der Zustrom der Flüchtlinge hielt unvermindert an. Wer erst jetzt in der Stadt eintraf, hatte vermutlich einen weiten Weg hinter sich, vielleicht aus Polen, aus Deutschland oder sogar aus Rußland. Vereinzelt konnte man im Straßenbild Pferde entdecken, die mit Menschen vollgestopfte Karren zogen. Unter den Pferden hatte der Krieg auch zahlreiche Opfer gefordert, viele waren geschlachtet worden. In Zilina hatte man ein ehemaliges Sägewerk zur Wurstfabrik umfunktioniert. Die Würste wurden aus einer Mischung von Sägemehl und Pferdefleisch hergestellt. Ich kostete nur ein einziges Mal davon, denn als man mir die Zutaten der dunkelroten, süßlich schmeckenden Wurst verriet, wurde mir dermaßen übel, daß ich trotz starken Hungers keinen Bissen mehr herunterwürgen konnte. Die armen Pferde, die die Karren zogen, waren wenigstens noch am Leben. Sie sahen alt und müde aus, und da es keine Stadtumgehung entlang des Flußufers gab, mußten sie sich, wie alle Durchreisenden, den steilen Berg zum Marktplatz hinaufquälen, nur um auf der anderen Seite wieder hinunter zu traben. Mir taten die Pferde entsetzlich leid, und jedesmal, wenn ich ihre Hufe auf das Kopfsteinpflaster des Marktplatzes schlagen hörte, verspürte ich den Wunsch, nach draußen zu laufen, um sie aus der Nähe zu betrachten.

Wir hatten in jenen Tagen ungewohnt viel Freizeit. Das Kriegsende schien uns von der starren Alltagsroutine erlöst zu haben. Daß sich etwas verändert hatte, konnte man weniger an konkreten Details als vielmehr an der gewandelten Grundstimmung ablesen. Wir standen nach wie vor um halb sechs morgens auf, besuchten die Messe, erhielten zum Frühstück die übliche Kümmelsuppe, gingen zur Schule und erledigten unsere täglichen Pflichten, und doch herrschte eine ganz andere, entspanntere Atmosphäre. Lag das vielleicht am Frühling, der uns von einem der härtesten Winter aller Zeiten befreit hatte? Hing es vielleicht mit dem nicht wiederzuerkennenden Auftreten von Hans zusammen? Er wirkte viel weniger stattlich und selbstsicher, seit die Deutschen den Krieg verloren hatten, und erkor mich nicht mehr zum ständigen Opfer seiner Launen. Manchmal, wenn er mir einen verstohlenen Blick zuwarf, glaubte ich in seinen Augen die stille Bitte um Vergebung zu entdecken. Tat es ihm leid, oder hatte er Angst? Angst vor den Russen und Partisanen, die die Stadt nach Kollaborateuren durchkämmten, oder Angst vor der Strafe Gottes, der Hölle? Oder bestand sogar die Möglichkeit – aber das war eigentlich unvorstellbar, oder doch nicht? –, daß er ein wenig Angst vor mir bekommen hatte?

Ließ sich daraus, daß ein Teil meiner Gebete erhört worden war, schließen, daß der Rest auch in Erfüllung gehen und sich alles zum Guten wenden würde? Oder vielleicht gerade im Gegenteil? Nachdem Gott die Deutschen geschlagen hatte, konnte es vielleicht Sein Wille sein, zur Wahrung Seiner Neutralität meine Eltern zu töten. Oder verhielt es sich umgekehrt: Hatten die Deutschen meine Eltern getötet, und Gott hatte sie zur Strafe dafür den Krieg verlieren lassen? In beiden Fällen würde ich vergeblich warten.

Wenn mich solche Gedanken zu überwältigen drohten, erinnerte ich mich zur Beruhigung an das Versprechen – seltsamerweise ausgerechnet an dieses –, das der deutsche Kommandant Judith und mir an jenem Weihnachtsabend gegeben hatte: »Habt keine Angst, eure Eltern werden wiederkommen.« Immerhin war er ein hoher deutscher Offizier, es bestand durchaus die Möglichkeit, daß seine Zuversicht aus Wissen resultierte. Davon abgesehen war er der einzige, der uns je ein derartiges Versprechen gegeben hatte, an das man sich klammern konnte. Ich kann mich nicht daran erinnern, daß uns Apuka oder Anyuka jemals ihre Rückkehr versprochen hätten, obwohl ihnen das doch eigentlich hätte leichtfallen müssen. Was liegt näher, als zwei kleine Kinder, die jedes Wort der Eltern für bare Münze nehmen, auf diese Weise zu trösten? Kein Versprechen und kein Photo; gab es für beide Unterlassungen denselben Grund? Besaßen die Eltern vielleicht auch ein Wissen, das sie nicht mit uns teilen konnten?

Wie Merkwürdig ist der Akt des Wartens. Man versucht seine Zeit damit zu verbringen, daß man Zeit überspringt, indem man die Zukunft auf die Gegenwart projiziert. Es ist ein menschliches Grundbedürfnis, zu erwartende Ereignisse in die Schablone eigener Wünsche und Hoffnungen pressen zu wollen. Hinzu kommt eine Art Abhängigkeit von der Zeit; Abhängigkeit sowohl vom Phänomen Zeit als solchem als auch von seinem Medium, dem Warten. Das Problem ist, je intensiver man daran arbeitet, Zeit zu überbrücken, desto endloser zieht sie sich in die Länge, und je mehr wir uns aufs Warten konzentrieren, desto stärker bremsen wir den Lauf der Zeit.

Das höchste Maß an Spannung baut sich beim Warten dann auf, wenn wir voraussehen, daß und vor allem wann uns Gefahr droht. Je näher der erwartete Augenblick rückt, desto weniger haben wir unsere Emotionen in Griff. Umgekehrt ist es fast unmöglich, Spannung über einen längeren Zeitraum aufrecht zu erhalten, wenn man den Zeitpunkt des vorausgeahnten Ereignisses nicht kennt. Nach einer gewissen Zeit wird jedes Warten zur Routine. Und dennoch läßt selbst der minimalste Hinweis darauf, daß in Kürze etwas geschehen wird, die Erregung wieder steigen. Oft sind es nur Kleinigkeiten, auf die wir warten, wesentlich seltener Dinge von großer Wichtigkeit. Aber wie wir nun einmal sind, gewinnt Kleines bei uns leicht die Bedeutung von Großem. »Kleines Warten« unterscheidet sich kaum von »großem Warten«. In gewisser Weise ist Warten die elementarste Form von Passivität, die Verkörperung von Hilflosigkeit.

Hoffnung schürte das Feuer seliger Wiedervereinigungsvisionen. Ich konnte mir unser Wiedersehen in immer neuen Versionen, an wechselnden Schauplätzen und in ganz unterschiedlicher Atmosphäre bildlich vorstellen. Am häufigsten war der klassische Typ vertreten: Ich stehe allein vor dem Waisenhaus und überblicke den menschenleeren Marktplatz. Plötzlich tauchen am anderen Ende des Platzes – aus der Richtung unseres ehemaligen Hauses – zwei Gestalten auf. Ich spüre, wie die Spannung in mir steigt; sie ist kaum noch auszuhalten. Als die beiden sich der Platzmitte nähern, erkenne ich sie endlich, und als könne uns nichts mehr bremsen, stürzen wir aufeinander zu, fallen uns um den Hals und verharren in einer Umarmung selbstvergessener Glückseligkeit.

Eine andere typische Wiedersehensszene spielte sich folgendermaßen ab: Ich gehe zufällig an unserem ehemaligen Haus vorbei. Da dringt plötzlich aus den Fenstern des zweiten Stockwerks ein Lichtschein nach draußen. »Sie sind zurück!« schießt es mir durch den Kopf. Zweifel plagen mich: »Sie können es unmöglich sein; sie wären doch zuerst ins Waisenhaus gekommen.« Unschlüssig lungere ich vor dem Haus herum und starre wie gebannt nach oben. Plötzlich sehe ich hinter dem Fenster einen Schatten – nur ein Schatten und doch so vertraut.

Nach kurzem Zögern öffne ich die Haustür, steige die Treppe hinauf und läute an der Wohnungstür. Nach einer scheinbaren Ewigkeit öffnet sich die Tür, und vor mir stehen tatsächlich meine Eltern. Sie sehen überraschend gut aus, überhaupt nicht wie die anderen Überlebenden der Konzentrationslager. Sie umarmen mich, und ich breche erlöst in Tränen aus. Plötzlich jedoch schießt mir der Gedanke durch den Kopf, daß sie möglicherweise die ganze Zeit über hier gelebt haben und gar nicht von den Deutschen abgeholt worden sind.

Am besten gefiel mir das Bild eines nächtlichen Wiedersehens: Auf Zehenspitzen nähern sich die Eltern vorsichtig meinem Bett und küssen mich auf die Stirn. Ich wache zwar auf, begreife aber nicht, was um mich herum vorgeht, und wie in Trance umarme ich zuerst den einen und dann den anderen, packe glücklich lächelnd meine Sachen – wie damals im Lager – und verlasse für immer das Waisenhaus.

MONATELANG HATTE ICH MICH BEMÜHT, nicht an meine Eltern zu denken, weil ich Angst vor den möglichen Konsequenzen solcher Gedanken hatte. Als der Krieg jedoch zu Ende war, drehte sich mein ganzes Leben nur noch um die Eltern.

Ich wünschte mir sehnlichst, jene Bilder kontrollieren zu können. Aber meist tauchten sie nach eigenem Belieben ebenso schnell auf, wie sie wieder verschwanden. Manchmal malte ich mir völlig absurde Szenarien aus. Wenn die Bilder jedoch in mein Bewußtsein vorgedrungen waren, ließen sie sich erst wieder vertreiben, wenn die ganze Szene bis zu einem plausiblen Ende durchgespielt war. Ich versuchte mir unser Wiedersehen auch oft aus der Perspektive der Eltern vorzustellen. Ich sah sie vor mir, wie sie, geplagt von Zweifeln, ob Judith und ich noch lebten, mit all den anderen Verschleppten von Stadt zu Stadt zogen und sich langsam Zilina näherten. Hatten sie Gerüchte über unseren Tod gehört? Hatten sie erfahren, was die Deutschen in dem anderen Waisenhaus angerichtet hatten? Vielleicht kamen sie nur zurück, um sich mit eigenen Augen von etwas zu überzeugen, was sie längst geahnt hatten. Da ich ja wußte, daß Judith und ich überlebt hatten, lag gerade in solchen Spekulationen ein gewisser Reiz. Gleichzeitig beinhalteten sie natürlich die optimistische Annahme, daß die Eltern ebenfalls noch lebten. Ich stellte mir vor, daß das Warten erträglicher war, wenn man dabei nach Zilina unterwegs war, als wenn man hier passiv auf die Ankunft warten mußte.

Bedeutete die Tatsache, daß sie noch nicht eingetroffen waren, daß sie tot waren? Konnten Entfernungen so groß und Straßen so schlecht sein, daß doch noch die Chance bestand, sie lebend wiederzusehen? Hatten sie uns vielleicht sogar vergessen? Im Lazarett hatte ich Soldaten mit Kopfverletzungen gesehen, die sich an nichts mehr erinnern konnten, nicht einmal an ihren eigenen Namen. Sie erkannten zwar Schwester C. und mich wieder, aber ihre Vergangenheit schien wie ausgelöscht.

Vorausgesetzt, meine Eltern lebten noch und erinnerten sich an uns, die Entfernungen waren nicht so weit und die Straßen nicht so schlecht, ließ sich daraus folgern, daß die Eltern nicht zurückkommen wollten? Ich hatte ihnen viel Kummer bereitet, aber verdiente mein Ungehorsam eine so harte Strafe? Und wie verhielt es sich mit Judith? Sie hatte den Eltern niemals Anlaß zur Klage gegeben, also machte eine Bestrafung doch gar keinen Sinn.

Als ich von den Qualen des Wartens endlich erlöst wurde, geschah das natürlich auf eine ganz andere Weise, als ich es mir je ausgemalt hatte.

Augen

Woher kommen wir und warum sind wir?
Akteure oder Zuschauer welchen Schauspiels?
Percy Bysshe Shelley, Adonais

Sie hieß Marina, war ungefähr in Judiths Alter und wohnte früher in unserer Nachbarschaft in einem hellblau gestrichenen Haus, direkt gegenüber unserem. Die Farbe war sehr ungewöhnlich für diese Gegend. Marina saß gerne auf den Treppenstufen vor der Haustür und schaute dem geschäftigen Treiben zu. Unsere Straße hieß Dolny Val, was übersetzt »Festung« bedeutet. Der Name geht aufs Mittelalter zurück, als der Stadtkern von Zilina von Schutzwällen und Gräben umgeben war. Manchmal beobachtete ich Marina vom Fenster oder vom Balkon aus. Als ich zufällig einmal vorbeiging, als sie sich auf den Treppenstufen gerade mit einem Freund unterhielt, gelang es mir sogar, einen flüchtigen Blick zwischen ihre Beine zu werfen, indem ich so tat, als suche ich etwas auf dem Bürgersteig. Es war ein aufregendes Gefühl, obwohl ich mir bei dem Herumgekrieche auf dem Pflaster ziemlich lächerlich vorkam. Marina durchschaute mich vermutlich sofort, machte jedoch keinerlei Anstalten, ihre Beine zu schließen oder mein Vorhaben in irgendeiner Weise zu behindern. Obwohl sie mir seit meiner Aufnahme ins Waisenhaus nie mehr begegnet war, hatte ich eine Zeitlang noch regelmäßig vor dem Einschlafen an sie gedacht. Aber das war mittlerweile auch schon wieder eine Ewigkeit her. Deshalb überraschte es mich um so mehr, als sie plötzlich im Klosterhof erschien und nach Judith und mir suchte. Sie wirkte viel erwachsener, als ich sie in Erinnerung hatte, und ihre wohlgeformten weiblichen Rundungen waren trotz der Magerkeit nicht zu übersehen. Aber sie hatte immer noch dieselben roten Backen, hohe Wangenknochen und vor allem ein breites Grinsen, das fester Bestandteil ihres Gesichts zu sein schien.

Diesmal galt mein Interesse jedoch weniger ihrem Äußeren. Als ich sie auftauchen sah, wußte ich sofort, daß sich etwas Wichtiges ereignet haben mußte. Warum sollte sie uns sonst nach all der Zeit plötzlich aufsuchen wollen? Judith, vor Aufregung blaß geworden, drängte ungeduldig:

»Was ist passiert? Los, sag es uns!«

Marina ließ sich jedoch nicht aus der Ruhe bringen, und nachdem sie uns aufgefordert hatte mitzukommen, war ihr kein weiteres Wort mehr zu entlocken.

»Bitte, sag uns doch wenigstens, ob sie leben! *Bitte*!«

Es schien, als breche Judith jeden Moment in Tränen aus, aber sie tat es glücklicherweise nicht. Nachdem alles Bitten vergeblich war, nahm sie mich an der Hand, und wir machten uns alle drei schweigend auf den Weg zu unserer Straße.

UND WO WAR ICH, während sich um mich herum dieser wichtige Akt meines Lebens abspielte? Der Schwierigkeitsgrad der Antwort entspricht in etwa der Ungewöhnlichkeit der Frage. Wo sollte ich wohl gewesen sein? Wozu die Frage?

Kraft meiner Rolle als eine der handelnden Personen befinde ich mich in diesem Augenblick steigender Dramatik natürlich in erster Linie auf der Bühne, im Zentrum des Geschehens, und werde vom grellen Licht der die Geschichte begleitenden Emotionen geblendet. Wie bei jenem früheren Anlaß, als ich die kurze Strecke zwischen dem Waisenhaus und unserem Haus in umgekehrter Richtung zurücklegte, senden die Vorahnungen auch dieses Mal Wellen der Erschütterung durch meinen Körper. Ich zittere am ganzen Leib, bekomme kaum Luft, und mein Herz rast. Als wir über den Marktplatz eilen, drückt Judith plötzlich ganz fest meine Hand und wagt, halb als Frage, halb als Antwort, den Gedanken auszusprechen, der uns beiden auf der Seele liegt: »Es ist Vater?« Spontan und ohne Zögern entgegne ich: »Es ist Mutter!« Wie fremd das klingt; wir gebrauchen beide das slowakische Wort statt des zu Hause üblichen, aus dem Ungarischen stammenden »Apuka« und »Anyuka«: als sei uns tief in unserem Innern schon bewußt, daß es keinen Weg zurück zu der Familie geben würde, die wir vor der Trennung waren.

JEDES DETAIL dieses kurzen Weges, der sich als Brücke zwischen Finsternis und Licht erweisen sollte, ist mir noch so lebendig in Erinnerung, daß ich unabhängig davon, daß ich direkt ins Geschehen verwickelt war, gleichzeitig noch eine zweite Rolle in dem Drama gespielt haben muß: die des unbeteiligten Zuschauers. Es scheint, als sei das Bewußtsein – das Zentrum unserer Wahrnehmungsfähigkeit – in Momenten innerster Anspannung ein Ort paradoxer Ruhe; vergleichbar dem Auge eines Hurrikans. Ich erinnere mich an das Licht des offenen Platzes und an den Schatten der Kolonnaden, an Judiths Händedruck – sie geht rechts neben mir – und an Marina, die uns mit schnellem Schritt schweigend zur Eile drängt. Ihre vielversprechende Ungeduld wirft brennende Fragen auf. Zu wem führt sie uns? Zu Vater, wie Judith glaubt, oder zu Mutter, deren Bild ich zum tausendsten Mal vergeblich heraufzubeschwören versuche? Wieso eigentlich nur zu einem von beiden? Warum ist Mutter nicht selbst zum Waisenhaus gekommen? Ist sie krank?

Warum holt uns ausgerechnet Marina ab? Und warum dauert es so lange, diesen winzigen Platz zu überqueren?

Aus mir unbegreiflichen Gründen rennen wir nicht, sondern bewegen uns zwar schnellen, doch gemessenen Schrittes auf unser unbekanntes Ziel zu. Es hat sicher nichts damit zu tun, daß wir unbedingt Haltung bewahren wollen; dafür sind wir viel zu jung. Eine plausiblere Erklärung ist, daß wir Angst haben, der Realität unserer Sehnsüchte und Befürchtungen ins Auge sehen zu müssen. Vielleicht ist es auch ein unbewußter Versuch, jenen früheren traumatischen Gang detailgetreu zu wiederholen, als könne man die Vergangenheit damit korrigieren und einen Teil des angerichteten Schadens ungeschehen machen. Was auch immer die Motive für unser Zögern sein mögen, Marina, die nichts von all dem ahnt und doch etwas weiß, in das wir nicht eingeweiht sind, läuft stets ein paar Schritte voraus, bleibt stehen, um auf uns zu warten, und drängt uns auf diese Weise zur Eile. Plötzlich schreckt mich der Gedanke auf, daß Mutter vielleicht ernsthaft krank sei und Geschwindigkeit deshalb eine so große Rolle spiele. Marinas zufriedenes Grinsen jedoch verheißt eigentlich das Gegenteil.

Endlich erreichen wir die enge, düstere Allee, die den Marktplatz mit unserer Straße verbindet. Ich habe sie monatelang gemieden, weil mich die vertraute Umgebung zu sehr deprimierte. Trotzdem kenne ich noch genau jenes seltsame Gefühl zwischen Intimität und Klaustrophobie, das durch den Kontrast zwischen dem offenem Platz und der mittelalterlichen Atmosphäre der Gasse entsteht.

An manchen Tagen wurde man von der Menschenmasse fast erdrückt, die sich in den frühen Abendstunden durch den engen Flaschenhals zwängte. Wenn ich vor jemandem davonlief, sei es aus Spaß oder im Ernst, versuchte ich gewöhnlich, in den Schutz der dichten Menge zu gelangen.

War mir die Flucht bis dahin geglückt, spielte die Tatsache, daß die meisten Jungs schneller rennen konnten als ich, keine Rolle mehr, und mein winziger Körper wurde mein entscheidender Vorteil. Mutter ging dort immer gerne in den kleinen, dicht nebeneinanderliegenden Läden einkaufen. Wenn man sich bis zum gegenüberliegenden Ende der Gasse durchgekämpft hatte, fühlte man sich wie von einem Druck befreit und wurde zusätzlich mit der phantastischen Aussicht auf die Berge und den im Tal liegenden Teil der Stadt belohnt. Genau an dieser Stelle stand jedes Jahr der städtische Weihnachtsbaum, und gleich um die Ecke, gegenüber der inzwischen verwüsteten Residenz des Prälaten, befand sich einmal mein Zuhause.

Als wir die Freifläche erreichen, wenden Judith und ich uns sofort scharf nach links, in Richtung unseres Hauses, aber Marina schüttelt den Kopf und zieht uns zu ihrem eigenen neben dem Pfarrhaus. Das grelle Tageslicht blendet mich, und es ist entsetzlich heiß. Ich spüre, wie unsere Hände unter dem festen Druck zu schwitzen beginnen. Obwohl die Treppe (die mit den berühmten Stufen) zu schmal für zwei Personen ist, lasse ich Judiths Hand nicht los, so daß sie mich bis zur Haustür hinter sich herziehen muß. Von drinnen dringt so etwas wie ein Flüstern an mein Ohr. Als wir die Wohnung betreten, bricht das Geräusch ab. Aus einem Zimmer zu meiner Rechten kommen mir unbekannte Leute entgegen, vermutlich Verwandte von Marina. Einige verlassen das Haus, andere bleiben am Eingang stehen, um mitzuerleben, wie sich ein menschliches Drama entfaltet. Ich selbst kann das Geschehen nur unvollständig wiedergeben, denn in dem Augenblick, als man mich sanft ins Zimmer schiebt, läßt mich die Perspektive des Beobachters im Stich und kehrt erst viel später, lange nach dem Sturm, zu mir zurück. Also muß ich mich auf den engen Blickwinkel eines Hauptdarstellers beschränken, den obendrein plötzliches Lampenfieber plagt.

Die Fensterläden sind geschlossen, es herrscht fast völlige Finsternis in dem Zimmer. Dennoch kann ich schemenhaft die Umrisse einer auf einem Sofa sitzenden Gestalt ausmachen. Wer immer dort sitzt, muß uns hereinkommen gesehen haben, denn auch ich bemerke, wie sich die Silhouette in der Ecke bewegt. Im gleichen Augenblick, als ich ein leichtes Zucken des Schattens wahrnehme, höre ich mich tief Luft holen, es klingt wie Gewimmer. Das nächste, was ich spüre, ist ein extremer Druck auf der Brust; ich hatte wohl ganz aufgehört zu atmen.

Allmählich gewöhnen sich meine Augen an die Dunkelheit, und Konturen eines schmalen Gesichtes, das von kurzgeschorenem Haar – ähnlich dem meinen – umrahmt ist, beginnen sich von einem Berg von Sofakissen abzuheben. Es ist ein krankes, ein leidendes Gesicht, es ähnelt all den namenlosen Gesichtern, die ich täglich durch die Stadt habe ziehen sehen. Und doch wirkt dieses hier eigenartig vertraut. Noch bin ich mir nicht sicher, aber je länger ich hinstarre – ich bin wie hypnotisiert von der magnetischen Kraft der Augen –, desto stärker drängen sich Erinnerungen auf. Und obwohl sie tief in ihren Höhlen versunken sind, erkenne ich endlich diese Augen wieder, die mich mit einer solch unmißverständlichen Wärme anschauen, daß plötzlich alle Zweifel zerstreut sind.

»Mutter!« bricht es aus mir heraus, wodurch sich die angestaute Luft aus dem Gefängnis meiner Lungen befreit. »Mutter! Mutter! Mutter!«

Als habe dieses Wort einen Bann gebrochen, kann mich nichts mehr zurückhalten. Ich reiße mich von Judiths Hand los und stürze mich diesen Augen entgegen. Als Mutter ihre Arme öffnet, um uns beide zu umschlingen, höre ich ein unterdrücktes Schluchzen, das im nächsten Augenblick aus ihr herausbricht, auf uns übergreift und sich zu einem Crescendo unkontrollierbaren Weinens steigert.

Sanft jetzt, ganz sanft. Nichts, auch nicht das zärtlichste Wort möge diesen Augenblick berühren. Für eine Weile – und sei es nur für ein paar Sekunden – lassen wir jenen Moment ganz für sich selbst sprechen.

Warum weinen Menschen vor Glück? Legen sie damit Zeugnis ab für die Vergänglichkeit allen Glücks? Zumindest besteht eine enge Beziehung zwischen Glück und Trauer, denn das kleinste Detail im Spiel des Zufalls vermag das eine ins andere zu verwandeln.

Und so war es auch ein Zufall, der den Hoffnungen unserer Eltern, uns lebend wiederzusehen, einen schweren Schlag versetzte. Mutter erzählte uns die Geschichte als ersten Versuch, um das Weinen zu stoppen: Es geschah in Auschwitz. Als man Mutter und Vater aus dem Zug holte – das war kurz bevor sie getrennt wurden –, fiel ihr erster Blick auf eine Gruppe Kinder. Die Eltern waren völlig schockiert (dazu waren sie noch fähig?), daß sich alle jüdischen Konvertiten des benediktinischen Waisenhauses darunter befanden. Erst zwei Tage zuvor waren ihnen im Schutz der Klostermauern dieselben Kinder als Beweis dafür vorgeführt worden, daß es für Judith und mich keinen Platz mehr gab. Das Waisenhaus der Benediktinerinnen war die erste Wahl meiner Eltern gewesen, und hätten ihre Bemühungen, uns dort unterzubringen, Erfolg gehabt, hätten wir uns zwei Tage später in Auschwitz wiedergetroffen, auf dem Weg der Kinder zur Gaskammer.

Dieser scheinbar glückliche Zufall hatte für meine Eltern jedoch den bitteren Beigeschmack einer bedrohlichen Frage:

Wie war es möglich, daß die Deutschen die jüdischen Kinder aufgespürt hatten? Entweder waren sie ihnen von den Benediktinerinnen ausgeliefert worden, oder die Gestapo hatte von vornherein gewußt, daß Juden im Kloster versteckt wurden. Angesichts dieser beiden Möglichkeiten erschienen auch unsere Überlebenschancen als gering. Im Prinzip sprach nichts dagegen, daß wir auch schon in Auschwitz waren. Meine Eltern begannen nach uns zu suchen, in der verzweifelten Hoffnung, uns nicht zu finden. (Wie sucht man nach etwas, das man unter keinen Umständen finden will?)

»Ich frage mich, warum mir ausgerechnet diese Kinder begegnen mußten. Sie haben mich fast verzweifeln lassen. Aber trotz allem, was ich gesehen habe, hat mich die Hoffnung aufrecht erhalten, euch lebend wiederzusehen.« Dem Ende dieser Geschichte folgten unzählige Küsse und Umarmungen, als wollten wir uns versichern, daß unsere Gegenwart kein Traum war.

»Wir hatten Angst, du würdest nie zurückkommen«, sagte Judith. »Wir haben so lange gewartet.«

Mutter strich ihr sanft übers Haar:

»Ich konnte nicht früher kommen. Ich war zu schwach zum Laufen.«

Und nach einer Pause ergänzte sie: »Außerdem wollte ich nicht, daß ihr mich in dem Zustand zu Gesicht bekommt. Ich muß noch heute einen erschreckenden Anblick bieten.« Immer ganz Dame! Immer mit Würde! Plötzlich begriff ich die Verdunkelung. Dies war also der Grund, warum sie uns nicht vom Waisenhaus abgeholt hatte. Die geschlossenen Fensterläden, damit wir sie an ihrem Wesen erkennen konnten, ohne einen Blick auf ihr Äußeres werfen zu müssen – alles ergab plötzlich Sinn.

Nach Mutters Tod habe ich, abgesehen von ein paar Photos, mit einer Ausnahme keine materiellen Dinge von ihr aufgehoben. Dieses eine Stück, das Judith und ich wie ein Kleinod hüten, ist der schmutzige, zerbrochene Kamm, den Mutter aus Auschwitz mitgebracht hat. Sie hatte ihn gegen eine ganze Tagesration Brot eingetauscht, nur um ihr kurz geschorenes Haar regelmäßig kämmen zu können.

»Habt ihr etwas von Vater gehört?« (Bezeichnend, daß auch sie das slowakische »Otecko« statt des ungarischen »Apuka« gebrauchte; auch ihrerseits ein Neubeginn?)

»Nein, nichts. Weißt du etwas?«

»Bis jetzt noch nicht. Wir müssen Geduld haben.«

Mutter überbrückte das unheilvolle Schweigen, indem sie uns von Vaters Rückkehr aus einem Kriegsgefangenenlager des Ersten Weltkrieges erzählte. Was ich hörte, kam mir bekannt vor, aber die gegenwärtigen Umstände ließen die Geschichte in einem neuen Licht erscheinen:

Vater war Offizier der österreichisch-ungarischen Husaren gewesen und noch kurz vor dem Zerfall der zaristischen Armee den Russen in die Hände gefallen. Nach Kriegsende hatte er als verschollen gegolten. Seine Familie hatte ihn nach einer angemessenen Wartezeit für tot erklären lassen. Zwei Jahre später *(zwei Jahre!)* war er plötzlich aus Sibirien aufgetaucht.

Ich fragte mich, welche Schlüsse man möglicherweise aus dieser Geschichte ziehen konnte: Würden wir ebenfalls so lange warten müssen? Bedeutete die Tatsache, daß Vater entgegen jeder Logik einmal zurückgekehrt war, daß es ein zweites Mal wieder passieren würde? Aber selbst in meinen kühnsten Träumen hätte ich mir damals nicht vorstellen können, daß meine Mutter aus dieser Geschichte die Hoffnung schöpfte, um bis zu ihrem Tod auf ihn zu warten – trotz aller Gegenbeweise und obwohl sie wußte, daß Vater täglich Insulin benötigte (in Auschwitz?), wartete sie nicht ein Jahr, nicht zwei Jahre; nein, sie wartete bis zum Ende ihrer Tage.

Reise zu den Erinnerungsfeldern

> Süß ist die Erinnerung an die Leiden,
> wenn man in Sicherheit ist.
>
> *Euripides, Andromeda*

Jahrelang hatte ich die fällige Reise zu den Stätten meiner Kindheit aufgeschoben. Meine Hauptargumente gegen einen Besuch waren die unsichere Lage und ein gewisser Mangel an Interesse. Ich redete mir ein, daß nach all der Zeit sowieso niemand mehr am Leben sei, und Orte allein interessierten mich nicht.

Nachdem sich durch den Zusammenbruch des alten Regimes die Sicherheitsfrage erübrigt hatte, mußte ich mir eingestehen, daß mein vorgetäuschtes Desinteresse allenfalls als faule Ausrede taugte. Dies vorausgeschickt, überrascht es sicher niemanden, daß ich mich von vorne bis hinten »durchmogelte«, als ich mich endlich zu dieser Reise entschloß.

Die Einreise sollte über Prag erfolgen, wo ich nie zuvor gewesen war. Ein mir unbekannter Teil des Landes; eine ähnliche und doch fremde Sprache; und die berühmten Sehenswürdigkeiten der Stadt boten die Gewähr dafür, daß ich mich, zumindest vorübergehend, als Zuschauer, ja fast als Tourist fühlen würde. Ferner standen berufliche Termine mit tschechischen Kollegen auf dem Programm. Die Rolle als Akademiker beherrschte ich perfekt, was mir ermöglichte, mich in den sicheren Schutz wissenschaftlicher

Objektivität zurückzuziehen. Außerdem war diese Rolle in der Rangordnung der einzelnen Ichs, aus denen sich eine Persönlichkeit zusammensetzt, eher ein Nachkömmling. Sie wurde in einer anderen Welt und erst viele Jahre nach dem Erdbeben erlernt.

Der wichtigste Faktor war jedoch, daß ich nicht allein reiste, sondern von meiner Frau Zvia begleitet wurde. Sie diente mir als Brücke zur Gegenwart, zu einem Leben, das sich so sehr von dem meiner Kindheit unterschied, daß es meinen Zusammenprall mit der Vergangenheit abfangen würde.

Solchermaßen gerüstet wagte ich das Unternehmen. Daß ich als Reisezeit ausgerechnet den Winter wählte, geschah mit Absicht. Fast alle meine Erinnerungen sind mit Kälte assoziiert.

Wir flogen mit der Swiss-Air von Tel Aviv über Zürich nach Prag. Der Beruhigungseffekt der Neutralität – für mich eine Art Galgenfrist – wurde urplötzlich von einer Lautsprecherdurchsage zunichte gemacht: Der Pilot kündigte an, daß wir in Kürze Nürnberg überfliegen würden. Ausgerechnet Nürnberg! Ich schloß die Augen und ließ Bilder jener pompösen heidnischen Zeremonien an mir vorüberziehen, die ein halbes Jahrhundert zuvor dort stattgefunden hatten. Meine Phantasie wurde von Filmen und Photos beherrscht, die ich im Lauf der Jahre gesehen hatte. Mittlerweile wirkten sie abgedroschen. Und so zog ich es bald wieder vor, mich der monotonen Bewegung der über Europa hinwegziehenden Wolkenfelder zu widmen. Es gelang meinen Augen nicht, den geschlossenen, weißen Schutzgürtel zu durchdringen, die Erde darunter blieb etwas Irreales.

Bei der Zwischenlandung in Zürich hatte ich im Flughafenrestaurant zu viel getrunken (schon wieder eine Mogelei!), was ich im Laufe des Weiterflugs zu bereuen begann. Kleine, unbedeutende Befürchtungen bezüglich einiger Details des Bevorstehenden gingen mir im Zeitlupentempo durch den Kopf.

Würde ich die Sprache noch verstehen? Würde der Winter sehr streng sein? War es sinnvoll, einen Wagen zu mieten? Wie war der Straßenzustand? Gab es einen Schneeräumdienst? Würde man mir vielleicht die Einreise verweigern? War ich noch immer eine *persona non grata*? War an meinem Paß, in dem als Geburtsort »Bratislava« angegeben war, irgendwas verdächtig? Waren unsere Visa in Ordnung?

Im Prinzip wußte ich, daß dies völlig überflüssige Sorgen waren. Tausende waren vor mir in dieses Land gereist. Selbst Judith hatte es bereits zweimal besucht und Neuigkeiten über das in ein Museum verwandelte Waisenhaus mitgebracht. Die Kapelle existierte noch, aber alles andere war nicht wiederzuerkennen. Seit 1950 waren Priester und Nonnen als Staatsfeinde behandelt worden. Öffentliche Religionsausübung war verboten. Priester und Nonnen wurden aus Krankenhäusern und Schulen vertrieben und zur Arbeit in der Landwirtschaft und in der Schwerindustrie gezwungen. Seit vierzig Jahren waren sie über das ganze Land verstreut und versuchten in kleinen Gruppen den Regeln ihrer Berufung entsprechend zu leben. Gab es eine Chance, daß einige der Schwestern noch am Leben waren?

Endlich! Unerbittlich, wie jemand, der von einer Idee besessen ist, hatte ich mich trotz aller Verzögerungs- und Ablenkungsmanöver zum Kern des Unternehmens vorgekämpft. Vor dem monotonen Hintergrund des unendlichen Wolkenmeeres wanderten meine Gedanken zu den Schwestern, die mein Leben gerettet hatten, zu denen, an die ich mich noch genau erinnerte, und zu denen, die im Lauf der Jahre zu einer gesichtslosen blauen Tracht mit weißen Schleierflügeln verschwommen waren. Meine Schwestern.

Als ich sie verließ, war ich zu jung, um ihre Zivilcourage würdigen zu können, zu jung, um ihnen angemessen zu danken. Es gab noch so vieles, was ich im nachhinein erfahren wollte, so viele offene Fragen. Vermutlich aber waren die politischen Umwälzungen zu spät gekommen und die Chancen minimal, noch irgend jemanden lebend anzutreffen. Und selbst wenn es Überlebende gab, wo sollte ich nach siebenundvierzig Jahren nach ihnen suchen? Würde Jan Urban brauchbare Informationen für mich haben? Er war meine einzige Hoffnung. Ich hatte drei Tage der Reise für meine persönliche Vergangenheit reserviert. Drei, maximal vier Tage.

Ich hatte Jan in New York kennengelernt. Wir waren uns auf den ersten Blick sympathisch. Als einer der ehemaligen Köpfe des Widerstandes gegen das totalitäre Regime seines Heimatlandes hatte er sich inzwischen ganz der Bewältigung der zahllosen, aus dem Erfolg erwachsenen Herausforderungen verschrieben. Seine grenzenlose Energie und sein Optimismus wirkten ansteckend. Als ich ihm meine Geschichte erzählte, war er von der Idee, die Schwestern des Heiligen Vinzenz aus dem Waisenhaus in Zilina zu suchen, sofort begeistert und versprach seine Mithilfe. Es stellte sich jedoch als ein scheinbar unmögliches Unterfangen heraus, die Schwestern nach so vielen Jahren aufzuspüren, und allmählich lief uns auch die Zeit davon. Einige könnten damals allerdings in ihren frühen Zwanzigern gewesen sein, wären heute demnach Anfang siebzig. Also bestand durchaus die Chance, daß sie noch lebten.

Die endlose Fahrt nach Bratislava näherte sich ihrem Ende. Am Horizont tauchten die ersten Außenbezirke auf, und ich gab noch einmal kräftig Gas, um die Stadt vor Einbruch der Dunkelheit zu erreichen.

Ich war fünf Jahre alt, als die Familie aus dem Haus in der Gresslingova 52 auszog. Jenes Ereignis markiert für mich das offizielle Ende der »guten Zeiten«. Zwar hatten die sauren Zeiten schon vorher begonnen, aber solange die Familie sich an Äußerlichkeiten klammern konnte, um den Schein der Normalität zu wahren, ließen sich die Veränderungen aus dem Alltag einigermaßen fernhalten. Obwohl ich nach dem Krieg mindestens zweimal mit dem Zug von Zilina nach Bratislava fuhr, kam es mir damals als Heranwachsendem nie in den Sinn, kostbare Zeit für den Besuch unserer ehemaligen Wohnung zu verschwenden. Und auch diesmal war ich mir nicht sicher, ob ich mich auf die Suche nach dem Haus begeben sollte. Ich hatte nur noch eine vage Vorstellung, wo es ungefähr liegen mußte. Außerdem waren die Straßennamen seit jener Zeit mehr als einmal geändert worden. Wieder etwas, worum ich die Schweizer beneidete: Sie waren ein Teil dieses europäischen Kontinents, und doch würden ihre Straßen das ganze zwanzigste Jahrhundert hindurch dieselben Namen behalten. Unglaublich!

Die Hauptverkehrsader, die uns automatisch in die Stadt geführt hatte, mündete in ein unübersichtliches Straßennetz mit zahllosen Kreuzungen. Bratislava war unglaublich gewachsen und kaum wiederzuerkennen. Um so erstaunlicher, daß ich beim Abbiegen niemals zögerte. Das Auto schien den Weg von selbst zu finden. Noch einige Ampeln, und schon kam die Donaubrücke in Sicht, die nach Petrzalka hinüberführt. Plötzlich entdeckten wir auf der rechten Seite ein Hotel und fanden in der nächsten Seitenstraße einen Parkplatz. Ich schaltete den Motor aus und holte erst einmal tief Luft.

»Irgendwas an diesem Platz kommt mir eigenartig bekannt vor. Unser Haus muß ganz in der Nähe sein.«

Wir begaben uns zu Fuß auf die Suche nach der Straße. Unterwegs fragten wir zahlreiche Passanten nach der Gresslingova, aber niemand kannte sich aus. Selbst ältere Menschen erinnerten sich allenfalls vage daran, daß sich die Straße irgendwo in der Nachbarschaft befinden müsse. Auf einmal schien es wie automatisch vorwärts zu gehen, und ich manövrierte uns zielsicher durch die nähere Umgebung, wobei wir systematisch nach einem Haus mit sechs von Säulen gestützten Balkonen Ausschau hielten. Jene verschwommene Erinnerung an Balkone, die urplötzlich aus einem archaischen Ordner meiner Gehirnbibliothek auftauchte, war der zentrale Anhaltspunkt unserer Suche, der eine Schlüssel zum Erfolg. Wir befanden uns gerade auf Höhe des Hauses Nummer 27 in der Rote-Armee-Straße, als auf der anderen Straßenseite, der mit den geraden Hausnummern, in einiger Entfernung ein Haus mit Balkonen in Sicht kam. Es war bisher das einzige, auf das meine Beschreibung zutraf, und gespannt zählten wir die davor liegenden Häuser ab, um auf die Hausnummer schließen zu können. Enttäuscht stellte ich fest, daß es sich bei dem Gebäude wohl eher um die Nummer 56 oder 58 handeln mußte als um die herbeigesehnte 52. War ich einer falschen Spur gefolgt, dem Trugbild einer fernen Vergangenheit?

Als ich mich bereits mit dem Gedanken an Aufgabe trug, entdeckte ich beim Näherkommen plötzlich, daß drei aneinandergrenzende Häuser, die wir als drei einzelne gezählt hatten – selbst die Reste der alten Fassadenfarbe unterschieden sich voneinander –, ein und dieselbe Hausnummer trugen. Mit welch bescheidenen Dingen man einen Menschen glücklich machen kann! Begeistert stellte ich fest, daß jenes Haus tatsächlich sechs Balkone besaß. Aber wie paßte »Rote-

Armee-Straße« ins Bild? Ich sah eine alte Frau an »meinem« Haus vorbeigehen und fragte sie, in mir plötzlich wieder verfügbarem, fließendem Slowakisch: »Entschuldigung, könnten Sie mir bitte sagen, wo ich die Gresslingova finde?« In alter wissenschaftlicher Tradition wählte ich bewußt diesen scheinbar neutralen Ton. Die Frau lächelte verschmitzt, als enthülle sie ein wohlgehütetes Geheimnis: »Dies hier ist die Straße. Sie hieß früher Gresslingova.«

Wir standen also tatsächlich vor dem richtigen Haus. Obwohl ich nicht den Wunsch verspürte, mir die Wohnung anzuschauen, in der ich die ersten fünf Jahre meines Lebens zugebracht hatte, konnte ich doch der Versuchung nicht widerstehen, wenigstens einen Blick auf die Wohnungstür zu werfen. Und so stiegen wir die drei Stockwerke nach oben, standen eine Weile unschlüssig vor der Tür mit der Nummer 16 herum und erfuhren aus dem Namensschild, daß der heutige Mieter Ingenieur von Beruf war; wie einst mein Vater! In einer heilen Welt – oder in einer zumindest etwas gerechteren – hätte ich es heute noch sein können, der dort lebte. Aber das wäre natürlich ein ganz anderer Ich gewesen!

Jan Urbans Nachforschungen hatten schließlich Erfolg gezeigt. Und so befanden wir uns auf dem Weg zu dem böhmischen Dorf Mendrika, um eine der Schwestern aus dem Waisenhaus zu treffen. Nachdem wir Zilina verlassen hatten, fuhren wir zunächst stundenlang durch eine herrliche Winterlandschaft mit schneebedeckten Bergen. Die Straßen waren spiegelglatt, und die Kombination von Eis und einmaligem Panorama erforderte meine volle Aufmerksamkeit. Hinter Olomouc wurde das Gelände flacher, und die letzten Nebelreste lösten sich auf. Gleichzeitig begannen mir die Ereignisse der letzten beiden Tage bewußt zu werden.

Als tauchten auch sie aus einem Nebel auf, undeutlich und beliebig zunächst, nahmen sie allmählich Gestalt an.

Als erstes war da der Besuch bei den Nonnen von Pezinok. Eine der Schwestern konnte uns wertvolle Informationen über die Schwestern des Heiligen Vinzenz aus dem Waisenhaus von Zilina geben. Dort erfuhren wir zum ersten Mal Details über die Leidensjahre unter kommunistischer Herrschaft. Es war irritierend, Schwester A. vom harten Schicksal der Nonnen berichten zu hören. Ich hatte erwartet, mich ganz meinem eigenen hingeben zu können, und sah mich plötzlich mit dem der Schwestern konfrontiert. Bei allem Mitleid empfand ich unterschwellig einen Hauch von Eifersucht.

Die Schwestern betrieben ein Altersheim für ehemalige Priester und zeigten uns stolz die ordentlichen Kammern, die makellose Küche und den Innenhof, in dem die Alten und Schwachen, von den Schwestern gestützt, spazierengehen konnten.

Als wir das Kloster verließen, war es fast Mittag, und unser ursprünglicher Plan, auf der Fahrt nach Zilina an allen am Weg liegenden Orten meiner Kindheit Zwischenhalt einzulegen, schien kaum noch durchführbar. Aber dafür hatten wir erfahren, daß wir im fernen Mendrika Schwester Koletta finden würden, und das war im Augenblick das Wichtigste. Also schien sich die lang hinausgezögerte Reise doch gelohnt zu haben.

Konnte man eine ganze Kindheit in einen einzigen Winternachmittag pressen? Wir starteten unseren Versuch in Piestany, dem ersten Schlupfwinkel meiner Familie nach der Flucht aus Bratislava: der herrliche Sommer, die Walnüsse, die Schaukel im Garten, der Bienenstich, die schrecklichen Ziegen, die mir den Weg versperrten. Ich fand die gläserne Brücke und die majestätischen Kastanienbäume wieder. An das Haus selbst konnte ich mich nicht erinnern, nur noch an seine ungefähre Lage. Meine Erinnerungen schienen die Gestalt eines gigantischen Tintenfisches angenommen zu haben, dessen Arme sich gleichzeitig in mehrere Richtungen vortasteten und dabei Signale ans Gehirn sandten, die zwar unvollständig und fehlerhaft waren, aber dennoch zumindest ein schemenhaftes Bild der Umgebung vermittelten.

Als nächstes war Vrbove an der Reihe, das sich als viel zu groß für unsere kurze Zeit erwies. Die gewaltige Synagoge war noch da und auch die Kirche, in der Judith und ich den Katechismus studierten. Hier fand das Auto seinen Weg leider nicht von selbst, und die hektische Suche nach dem Haus der Kugels (berühmt für Bratkartoffeln) blieb erfolglos. Ohne diese kleine Enttäuschung wäre uns das Abenteuer ja auch viel zu leicht erschienen. Ein halbes Jahrhundert ist schließlich eine lange Zeit!

Wir hielten kurz in Trencin an, Mutters Geburtsort. Ich hatte völlig vergessen, daß eine solch mächtige Burg die Stadt überragte. Die beiden Brücken über den Vah existierten noch. In der Nähe hatten früher meine Großeltern gewohnt. Wir machten einen kurzen Spaziergang am gegenüberliegenden Flußufer. Der Boden war gefroren, so daß wir sehr vorsichtig laufen mußten.

Hier am Flußufer konnte man früher außergewöhnlich schöne Steine entdecken. Ich war regelmäßig mit meinem Onkel auf Schatzsuche gegangen. Weder er selbst noch seine Eltern, weder Mutters Schwester noch ein anderes Familienmitglied hatte Auschwitz überlebt. Kein Stein, weder ein außergewöhnlicher noch ein einfacher, kennzeichnete ihre Gräber. Auf Mutters Grab am Abhang des Berges Karmel ist eine Inschrift zum Gedenken an ihren Mann auf den Stein graviert. Der Tod hat sie zuletzt vereint.

Dieser Schlag traf mich zu tief in der Gegenwart, und seine Wucht vertrieb vorübergehend meine Tagträume. Zurückgeschleudert in die Monotonie der flachen Landschaft, konzentrierte ich mich zur Abwechslung wieder auf die Straße. Sanfte, bewaldete Hügelketten wechselten mit freien Flächen. Vereinzelt konnte man Wild beobachten, das die Ebene auf Futtersuche durchstreifte. Deutlich hoben sich die Konturen der Tiere vor dem Hintergrund der verschneiten Landschaft ab. Die pastorale Atmosphäre ließ mich bald wieder in grüblerische Gedanken versinken.

Auf unserer letzten Etappe nach Zilina war die Straße in ein zwielichtiges Halbdunkel getaucht, das aus einer Mischung von Nebel und Luftverschmutzung resultierte. Als wir die Stadt erreichten, konnte man die Hand kaum vor den Augen sehen, und die Straße war von einer geschlossenen Schneedecke bedeckt. Wir hatten keinerlei Ahnung, wo wir uns befanden. Möglicherweise war dies die passendste Art der Rückkehr: Ein Blinder irrt im Dunkeln umher auf der Suche nach dem Ort, wo er das Licht verlor. Symbolträchtige Eitelkeit im Hotel: Ich verlangte eine Suite, als hätte ein Zimmer unseren Ansprüchen nicht auch genügt. An diesem Ort meiner Vergangenheit spürte ich einen inneren Drang, die Gegenwart zu betonen.

Am späten Abend konnte ich der Versuchung nicht länger widerstehen, einen Spaziergang zum Waisenhaus zu machen. Die Bürgersteige waren spiegelglatt, und es überraschte mich, daß sich meine Füße noch daran erinnerten, wie man sich auf einem solch heimtückischen Gelände fortbewegt. Wir begegneten keinem Menschen, der Marktplatz wirkte wie ausgestorben. Wir näherten uns ihm aus südöstlicher Richtung, genau wie damals am Befreiungstag der einsame russische Schimmelreiter. Noch immer ragten die beiden Türme der Klosterkapelle weit in den Himmel, das angrenzende Waisenhaus schien unverändert. Die Kolonnaden und der Markt sahen genau so aus, wie ich sie in Erinnerung hatte. Nur die Pinie in der Platzmitte war neu. Alles wirkte kleiner als in meiner geistigen Landschaft, erstaunlicherweise jedoch nicht bedeutend kleiner. Hatte ich vielleicht im Lauf der Jahre schrittweise meine eigene Erinnerung korrigiert?

Neben dem Waisenhaustor hing eine Metallplatte, die das Gebäude als Kunstmuseum auswies. An der Mauer entdeckte ich die in graffitiähnlichen Buchstaben geschriebenen Wörter: »Andy Warhol«. Es wirkte auf mich wie ein Übergriff, wie eine Verletzung der Privatsphäre.

Die mittelalterliche Gasse zwischen Platz und unserem Haus war viel kürzer, als sie sein durfte. Erinnerungen an die mit ihr verbundenen heiteren Episoden mußten sie wohl mit der Zeit in überdimensionale Länge gezogen haben. Ich war froh, daß wir nur so langsam vorankamen, denn so konnte ich die Gasse wenigstens länger genießen. Obwohl es Januar war, fehlte auf der Freifläche am Ende der Passage der traditionelle Weihnachtsbaum. Es fehlte praktisch die gesamte angrenzende Straße. Man hatte die Häuser dem Erdboden gleichgemacht, nur drei standen noch: das Eckhaus, daneben unseres und auf der gegenüberliegenden Straßenseite das des Prälaten. Schemenhaft tauchte rechts davon die Zentralkirche aus dem Nebel auf. Im Erdgeschoß unseres Hauses befand sich eine Bäckerei. Das Haus lag in völliger Finsternis, kein Licht brannte. Ich hatte keinerlei Interesse, mich noch länger dort aufzuhalten. Schweigend machten wir uns auf den Rückweg zum Hotel.

Orte. Orte ohne Menschen. Das sind die ausgeblichenen Gebeine unserer Erinnerung. Die Felder Europas sind voll davon.

Ich begann mich wieder auf die Straße zu konzentrieren, um die Abzweigung nach Mendrika nicht zu versäumen. »Es ist ein schmaler Feldweg, kaum breit genug für ein Auto«, hatte uns Schwester A. gewarnt. Wir hatten bereits Svitavy passiert, eigentlich mußte das Hinweisschild jeden Moment auftauchen. Ich wurde allmählich nervös und überprüfte im Schritt-Tempo jeden schmutzigen Weg beidseits der Straße, obwohl sich Schwester A. eindeutig darauf festgelegt hatte, daß wir rechts abbiegen mußten.

Frage: Warum maß ich diesem Treffen so große Bedeutung bei? Sollte es mein symbolisches Dankeschön an eine der damals Beteiligten werden?

Antwort: Nein. Dies taugt allenfalls als romantische Ausrede. Der eigentliche Grund – nein, der einzige Grund – für mein Kommen war, daß ich unbedingt das Geheimnis um die Schwester Oberin lüften wollte. Obwohl sie lange tot war, brannte ich noch immer darauf, ihre rätselhafte Persönlichkeit zu ergründen. Was für ein Mensch war sie gewesen? Gab es irgendeine Erklärung für ihre beispiellose Unerschrockenheit? Was trieb sie dazu, sich selbst, die anderen Schwestern und das gesamte Waisenhaus zu gefährden, nur um ein paar jüdische Kinder zu retten?

Der Wegweiser nach Mendrika war weithin sichtbar. Wir hätten ihn unmöglich übersehen können. Nach kurzer Fahrt tauchten ein paar versprengte Hütten unter den schneebedeckten Bäumen am Wegrand auf. Die Kirche war von Gebäuden umgeben, die früher vermutlich Teil einer Burganlage gewesen waren. Wir fuhren auf den Innenhof. Eine Schwester führte uns zu einem winzigen, gut geheizten Gästehaus und verließ uns, um Schwester Koletta unsere Ankunft zu melden. Wir wurden erwartet. Wenig später sah ich sie in Begleitung der ersten Schwester nahen. »Irgendwas stimmt nicht. Dies sind doch nicht die Schwestern des Heiligen Vinzenz.« Ich hatte kaum Zeit, diese enttäuschende Beobachtung zu verdauen, da betraten die beiden Nonnen auch schon den Raum. In meiner Phantasie hatte der steife, weiße Schleier immer eine Schlüsselrolle bei diesem Treffen gespielt. Da ich Schwester Koletta nicht kannte, war der Schleier für mich zu ihrem wichtigsten Persönlichkeitsmerkmal geworden. Aber sie trug keine Kopfbedeckung und unterschied sich in nichts von den Benediktinerinnen in Pezinok.

Und doch bestehen an ihrer Identität keine Zweifel. Die Erregung ist ihr genauso anzumerken wie mir. Sie ist 69 Jahre alt, muß also zu meiner Waisenhauszeit Anfang zwanzig gewesen sein. Ich glaube nicht, sie schon einmal gesehen zu haben, und sie erinnert sich umgekehrt auch nicht an mich. Nein, zur damaligen Zeit war ihr nicht bekannt, daß sich unter den Zöglingen Juden befanden. Die Schwester Oberin hielt es für klüger, diese Tatsache zu verschweigen, und lüftete das Geheimnis erst nach dem Krieg. Ja, sie erinnert sich an einige der älteren Jungen, die ich erwähne. Fero, der mich damals als Gegenleistung für meine Kurierdienste beschützte, lebt heute als Arzt in Bratislava. Nein, sie ist nach der Zwangsvertreibung von 1950 nie wieder in Zilina gewesen. Es freut sie zu hören, daß die Kapelle noch steht. Und bei der ersten sich bietenden Gelegenheit erläutert sie uns, warum die Nonnen 1964 den Schleier ablegten. »Bei der Arbeit in den Feldern und in den Fabriken konnte man keinen Schleier gebrauchen. Man hätte ihn unmöglich sauber halten können.« Ich bin erleichtert; *vor* dieser Erklärung schwebte die ganze Zeit ein unsichtbarer Schleier über ihr.

Sie erzählt mir von dem Traum, den sie in der Nacht vor

unserer Ankunft hatte: Schwester Anakleta, die damals in der Kapelle die Orgel spielte, erscheint ihr, und sie bittet sie, von den Toten aufzuerstehen und uns zu begrüßen. Noch ein Bindeglied zwischen uns.

Und so vergingen die Stunden in angeregtem Gespräch. Unser Hauptthema war jedoch die Schwester Oberin. Ihre hingebungsvolle Frömmigkeit und ihre Charakterstärke hatten die junge Schwester tief beeindruckt. Unter den Schikanen der kommunistischen Ära schien ihre Zähigkeit nur noch zu wachsen. Ihr beispielhaftes Verhalten gab allen anderen Kraft.

Mein bescheidenes Urteil fällt etwas anders aus: Sie war weder eine Heilige noch eine Märtyrerin, sondern sie besaß einfach menschlichen Anstand.

Wir aßen mit den Schwestern zu Abend, tauschten kleine Geschenke aus und ließen uns vor dem Bildnis des Heiligen Vinzenz photographieren. Beim Abschied fiel mir noch ein, Schwester Koletta nach dem Namen der Schwester Oberin zu fragen:

»Agatha« , sagte sie, »Agatha war ihr Name.«

Erinnerungsfelder haben keine Grenzen. Orte sind ihre Diener, und die Zeit ist ihr Spielplatz. Auf unserer Reise durch das Leben finden wir kaum einen treueren Freund.

Danksagung

Es bedurfte der tatkräftigen Intervention eines Freundes, um meine Scheu vor dem Schreiben dieser Erinnerungen zu überwinden. Ich danke Walter Anderson, daß er mich überredet hat, mich auf ein Wagnis einzulassen, das sich als persönliche Bereicherung herausstellen sollte. Beim Verlag Knopf hatte ich das Glück, mit dem früheren Chefredakteur und jetzigen Justitiar Ashbel Green zusammenzuarbeiten. Besonderer Dank gilt Jan Urban, der mir half, Schwester Koletta zu finden. Die Reise in die Vergangenheit wurde so zu einem einzigartigen Erlebnis. Das anteilnehmende Interesse von Freunden sorgte für die so wichtige Motivierung. Meine Frau und meine Kinder, die wußten, wie schwer es mir fiel, mich auf jene Ereignisse einzulassen, machten das Buch möglich.

Inhalt